MA-GAKOU

HISTOIRE JAPONNOISE,

TRADUITE

Par l'Auteur D. R. D. S.

La Critique embellit les plus simples propos,
Et l'admiration est le style des Sots.

Desm. Imp.

A GOA,

Par exprès commandement
de l'Empereur.
1752.

EPITRE

DEDICATOIRE

A l'Ombre de Lamekis ,
Voyageur Egyptien.

Ombre trois fois illustre du docte
Lamekis.

 'EST à vos voya-
ges extravagans que
je dois , l'amour
que j'ai pour la
Folie , cette Histoire est l'essai
d'une imagination qui aspire à
devenir aussi déréglée que la
vôtre ; puissent l'étude & le
tems fondés sur le goût d'un

A ij

EPITRE.

Siécle éclairé, me mériter la vingt-septiéme partie des suf-frages dont vous jouiſſez dans le ſouterrain Littéraire que vo-tre Ombre embellit encore au-jourd'hui.

Gardez-vous, grand & ſu-blime Lamekis, de m'envoyer des préſens ; ſingulier dans mes projets, je fronde les uſa-ges établis, & je vous adreſſe gratuitement l'Hiſtoire de Ma-gakou

Je ſuis de votre Ombre,

le plus obéiſſant ſerviteur,

Place réservée à une Pré-
face, qu'on se dispose à in-
férer à la huitiéme Edition
de cet ouvrage.

Nota : qu'elle sera extraordinaire, car
l'Auteur ne dira ni bien de son livre, ni
sottises du Public.

AVANT-PROPOS

Très-néceſſaire à ceux qui n'entendent pas la Langue Japonoiſe.

A-KAGOU, paſſoit pour le Citoyen le plus riche du Japon, & ce qui étonnera, le plus honnête homme Receveur des Douanes de l'Empire, il avoit acquis des biens immenſes, & une réputation de probité, qu'on accorde rarement même à la vertu opulente.

Maga-kou, ſon fils unique , fut élevé avec les soins qu'on doit à un jeune enfant destiné à remplir une des premieres Places de l'Empire , l'usage Asiatique est en cela bien différent de celui de l'Europe , toutes les Charges sont vénales dans le Japon , & avec de l'argent , le dernier des Citoyens , peut espérer le premier rang , dans celui des trois Etats qu'il veut choisir; sages Européens, que vos maximes sont différentes ! Le mérite fait tout chez vous , & l'argent que vous regardez comme la source des crimes , n'excite que votre indignation , jusqu'à quand, illustres Japonnois, mes chers compatriotes vendrez-vous les dignitésde l'Empire?

Faut-il que des *Bonzes* ignorans achetent le droit d'ouvrir les portes d'or du Temple sacré de *Brama*, que des Citoyens peu expérimentés payent la fantaisie de faire égorger cent mille hommes, ou d'enlever au très-pacifique Empereur de la Chine, des Provinces où nous n'avons aucun droit ? Faut-il enfin que des enfans sortis à peine des écoles de *Zamaël*, puissent * avec la fortune de leurs Peres, s'asseoir sur les *Lions*

---

* *Zamaël* est le Collége le plus considérable de Goa, c'est là où des Bramines modestes apprennent à leurs Elèves le *Grec* & le *Caldéen* qu'ils ne doivent jamais parler, ou l'Histoire de l'Empire des *Cambrisiens* qu'il est inutile qu'ils connoissent.

rouges , * au rang de nos inté-
gres *Satrapes*.

Après cette exclamation ,
très-intéreſſante pour ceux qui
aiment les réfléxions , je dirai que le fils de Ia-kagou ,
fut mis au ſortir de Zamaël ,
entre les mains d'un vieillard
reſpeĉtable , qui joignoit la
naiſſance au mérite , mais la
fortune ne lui ayant pas permis de juger les hommes ,
ou de commander les Armées ,
il avoit brigué pendant dix
ans la Place de *Surveillant*
** de Ma-gakou, qu'une Maî-

---

* Ce ſont les Armes de l'Empereur du
Japon qui ſont brodées ſur les ſiéges des
Saldapes.

* C'eſt ce qu'on appelle à *Goz* un premier Domeſtique, & en Europe un Gouverneur.

trefſe de ſon Pere lui avoit enfin obtenu.

Ce Gouverneur , dont la Charge étoit d'orner l'eſprit de ſon Eléve , par la connoiſſance des Sciences utiles , ou d'arrêter la fougue des paſſions toujours impérieuſes à cet âge , s'appercevant que les inclinations de Ma-gakou étoient oppoſées aux princi-pes qu'il vouloit lui donner , il eſſaya un ton ſévére qui pût en impoſer , mais l'Eléve in-docile annonça à ſon Gou-verneur qu'il le chaſſeroit , s'il s'aviſoit encore de lui don-ner des leçons , le Gouver-neur qui avoit intérèt de con-ſerver ſa Place, devint le com-plaiſant d'un homme dont il devoit être le Mentor , &

A iiij

Ma gakou livré à lui-même, abandonna les Sciences, & s'adonna absolument à la Lecture dangereuse des Romans & des Contes de Fées, que deux ou trois Auteurs composoient exprès pour le réjouir.

Ia-Kagou, qui dépensoit mille *darigues* par mois, pour l'éducation de son fils, se persuada qu'il en avoit profité, & en le supposant un sujet accompli, il lui proposa de se marier, Ma-gakou aimoit les femmes, mais il craignoit de haïr la sienne, d'ailleurs il avoit la manie de voyager, ces considérations l'engageren à presser son Pere de suspendre son hymen, Ia-Kagou en feignant de con-

descendre aux défirs de fon
fils, chercha dans l'Empire
une fille vertueufe, qui pût
réunir toutes les perfections
qu'on défire dans une maî-
treffe, Goa lui en offrit vingt,
mais la répugnance de Ma-
gakou les refufa toutes, les
vertus des unes, les défauts
des autres, lui fervoient éga-
lement d'excufes, & ce ne
fut qu'après avoir vu la plus
belle perfonne de l'Empire,
qu'il promit à fon Pere de fe
marier, pourvû qu'il lui per-
mît de faire auparavant un
voyage au Temple du bon-
heur. Ia-Kagou fe rendit aux
volontés de fon fils, mais il
exigea qu'avant fon départ,
il promettroit fur les Autels
de Brama, de s'unir à fon re-

tour à la belle *Famaga*, le titre de belle n'étoit point ici un éloge fade qu'on prodigue à toutes les femmes, & dont elles font prefque toujours les dupes ; l'extrait d'une Lettre par un Miffionnaire Chinois, écrite à un de fes amis, à *Bingal*, fera connoître la belle Famaga, beaucoup mieux que tout ce que je pourrois en dire.

Goa le 7. de la Lune de Na-Gi-Ki, le Soleil fe couchant dans le fein facré de Brama.

» J'affiftai hier, Docte &
» Illuminé *Zerbi-Gou*, à la
» cérémonie des auguftes
» fiançailles de l'illuftre fils

» du bienfaisant Receveur
» des Douannes , avec la ver-
» tueuse Famaga : ſi Brama
» nous permet d'admirer quel-
» quefois ſes Créatures , ſouf-
» frez que je porte vos pieux
» hommages aux pieds de
» cette incomparable beauté ,
» je vais la peindre telle
» qu'elle s'eſt préſentée aux
» yeux du ſerviteur indigne
» qui vous écrit.

» Famaga joint à l'avanta-
» ge d'une taille au - deſſous
» de la médiocre des yeux
» très-petits , elle a la tête
» groſſe , les cheveux rou-
» ges , les oreillles longues ,
» le nez épaté , la bouche
» grande , les dents bleuës ,
» & le viſage d'un livide
» admirable , ceux qui ont

eu le bonheur de baiſer ſes grands pieds , aſſurent que ſon eſprit répond à l'élégance de ſa figure , puiſſe Brama nous ménager dans la demeure céleſte une Divinité ſemblable !

Après ce portrait d'autant moins ſuſpect , qu'il part d'un Miſſionnaire voyageur , qui n'a jamais menti , il eſt aiſé de croire que Ma-gakou promit ſa main & ſon cœur à la belle Famaga.

L'objet de ſon voyage , au Temple du bonheur , intéreſſoit ſa famille , & il l'allarmoit en même tems , les dangers des chemins , les longueurs de cette caravanne , pouvoient jetter de l'incertitude dans le cœur de l'impatient patiente Famaga, & éloigner par là une alliance qu'on fouhaitoit avec ardeur ; Ma-gakou diffipa les inquiétudes de fon Pere ; il lui promit que fi dans huit jours il n'arrivoit pas au Temple du bonheur , il renonçoit à fes projets, & qu' il reviendroit jouir au centre de fa famille, des divins appas de fon époufe ; *Pegadon*, fon furveillant fut nommé pour l'accompagner dans ce voyage, fon occupation pendant la route devoit être de payer les Auberges , & d'égayer fon Maître avec des vieux Contes, dans lefquels il gliffoit à propos quelques traits de Morale , tel eft le pénible emploi d'un Gouverneur en campagne ; le jour fixé pour le départ, Ma-ga-kou demanda la permission de voir Famaga, l'usage la lui accordoit, mais à condition qu'il ne lui parleroit point, l'amant qui se piquoit de discrétion, promit d'obéir, Famaga arriva, elle ouvrit sa grande bouche & des pleurs coulerent de ses petits yeux, il n'en fallut pas davantage, pour engager Ma-gakou de rompre le silence, il avoit déja la bouche ouverte pour s'expliquer, quand le surveillant de Famaga, portant la main à sa langue, la lui tira avec tant de cruauté, qu'elle lui fit verser des larmes.

La crainte d'essuyer un nouveau supplice de ce genre, ôta à Ma-gakou l'envie de tenter une seconde conversation , il obtint seulement la permission de baiser la ceinture de la robe de son amante , faveur d'autant plus extraordinaire que dans le Japon , elle ne s'accorde qu'à ceux qui sont forcés de garder le silence pour avoir trop parlé ; le fils de Ia-Kagou , touché d'une grace aussi flatteuse , baisa cinq fois le pouce * de la main gauche de son Pere , & partit.

---

* Usage établi à *Goz* par l'Empereur *Ana-Ki ga-zi* qui ayant eu le bonheur de toucher cinq fois du pouce de la main gauche la prunelle de l'œil droit de l'incomparable Princesse de *Bestanga*, ordonna en mémoire de cet événement que les fils au lieu de toucher à l'avenir la main de leurs peres , seroient obligés de baiser cinq fois le pouce de leur main gauche , ou de mordre le talon du pied droit de ceux qui n'auroient pas le pouce requis par la Loi,

MA-GAKOU
HISTOIRE JAPONNOISE;

CHAPITRE PREMIER.

Comme quoi Ma-gakou sortant de Goa, est arrêté par la vertu d'un Talisman.

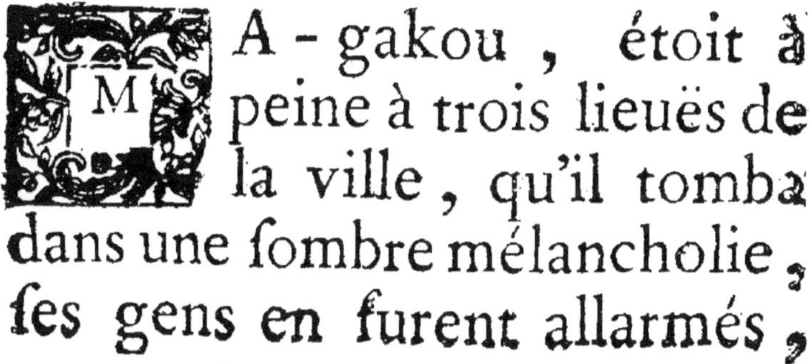

M A - gakou, étoit à peine à trois lieuës de la ville, qu'il tomba dans une sombre mélancholie, ses gens en furent allarmés,

& la douleur paſſa juſques dans l'ame de ſes courſiers * & ſemblables, remarque élégamment l'Auteur, à ceux d'Hypolite, ils partageoient la douleur de leur Maître.

Pegadon allarmé de l'état de ſon Eléve, quitta le ton ſérieux par lequel il avoit débuté, il fit quelques vieux

---

* Les Japonnois croyent que les Animaux & en particulier les Chevaux ont une an.e ſemblable à la nôtre, pour juſtifier cette créance ridicule, ils citent les quatre vers ſuivans de la *Phédre* de *Racine* traduite en Japonnois par une Interprète qui ne ſçavoit pas la Langue Françoiſe.

Ses superbes Courſiers qu'on voyoit autrefois

Pleins d'une ardeur ſi nohle obéïr à ſa voix,

L'œil morne maintenant, & la tête baiſſée,

Sembloient ſe conformer à ſa triſte penſée.

Contes , qui augmenterent agréablement la fureur de Ma-gakou , le Gouverneur in-quiet , d'avoir vu ses plaisan-teries sans effet , ordonna au conducteur du Char de dou-bler le pas , les coursiers im-mobiles s'arrêterent , on eut beau les frapper , ils bravoient le *Dieu* , qui *dans ce désordre affreux* , s'abaissoit *à piquer leurs flancs poudreux*.

On crie , on menace en-vain , tout devient inutile ; les chevaux resterent dans le même état , Ma-gakou inter-dit , gardoit un silence pro-fond , son Gouverneur pre-noit la liberté de l'interroger , ses esclaves osoient le regar-der , mais toujours sombre , il étoit tout entier à sa douleur, sans vouloir même qu'on en démêlât la cause.

Pegadon prit alors sur lui de faire une priere à *Gimanda*, ce Dieu qui préside aux voyages, ne répondit à l'invocation, que par une pluye de sifflets de fer blanc * qui vint inonder la campagne, où l'Equipage du voyageur attendoit un tems plus heureux pour suivre sa route ; Magakou étonné, porta la main à sa tête pour appuyer son bonnet, mais ses doigts meurtris par les sifflets, furent les

* C'est à cet orage funeste que *Zo-gonik* le *Corneille* des Japonnois attribuë l'origine de sifler les mauvaises Piéces, comme on le verra dans le détail de circonstances de cette époque.

avant-

avant-coureurs d'un malheur qu'on développera peut-être dans le cours de cette hiſtoire véritable.

Cette pluye dura vingt-ſept minutes, les Peuples des lieux voiſins, informés de cet orage ſingulier, en chercherent la cauſe dans *Mathieu Lansberg*, mais cet Aſtronome n'ayant pas eu l'eſprit de prévenir un événement naturel, on courut à *l'Almanach des Théâtres*, ouvrage prophétique, qui annonce tout ce qui a été dit il y a longtems, le Bramine Aſtrologue, qui fabrique ce Calendrier avec *Privilége*, ayant eu la diſcrétion de paſſer ſous ſilence une choſe qu'il ignoroit, on n'eut pour derniere reſſource, que les *petites affiches* dans lesquelles on ne trouva pas plus d'éclaircissement que dans les ouvrages précédens.

Les Japonnois indignés de l'ignorance des Astronomes, prirent le parti de se rendre aux lieux où l'orage étoit tombé , de quel étonnement ne furent-ils pas frappés , à la vuë des sifflets , chacun en amassa autant qu'il put en porter , & n'eut rien de plus pressé que d'aller à Goa les vendre à des Européens, qui ne passent les mers , que pour acheter ces bagatelles merveilleuses , auxquelles le luxe & le caprice donnent un cours nécessaire ; un Français, que la soif de l'argent , bien moins que l'intérêt public , avoit attiré dans le Japon , fit une pacotille de tous les sifflets ; & les apporta à *Sipra*, où il s'associa avec quelques Auteurs modernes qui eurent la complaisance de prouver par leurs ouvrages, la nécessité de cet instrument; mais laissons les sifflets en Europe, & ne perdons pas de vuë le triste Ma-gakou.

Ce jeune homme, qui crut que la fin de l'orage alloit lui rendre la tranquillité, remonta dans son Char, & il prit sans aucun projet un des sifflets qu'il y trouva, mais il n'en eut pas plûtôt fait entendre quelques sons, que Pedagon se mit à faire des cabrioles, & à suivre en sautant le Char, qui alloit avec une rapidité extraordinaire.

Cet événement fi oppofé à celui qui venoit de frapper Ma-gakou dérida fon front, Pegadon fembloit par fes poftures finguliéres, le prier de fufpendre des fons qui faifoient fon fupplice, mais le voyageur qui vouloit fuir des lieux qui avoient porté le chagrin le plus vif au fond de fon ame, continuoit à fiffler, les courfiers plus ardens doubloient le pas, & le Gouverneur fuivoit en cabriolant toujours.

Ce manége qui dura pendant trois heures, fut fufpendu par la curiofité de Ma-gakou, ou plutôt par le pouvoir du Talifman dont on a parlé à la tête de ce Chapitre ; arrivé à la porte d'un Palais fuperbe, fur le Frontifpice duquel il vit les buftes de *Pallas* & de *Momus* , qu'une main hardie *avoit honoré de fes peines* , expreffion nouvelle qui veut dire ou à peu près, que ces deux figures étoient gravées, à cet afpect, il fit arrêter fon Char , & s'appuyant fur Pegadon , qui avoit repris fon allure ordinaire , il s'approcha pour lire ces vers Japonnois , que je traduis en Français pour la commodité de ceux qui n'entendent pas le Grec.

Les habitans de ce charmant Palais ,
  Amoureux fans aimer , Monarques
    fans Empire ,
  Obligés par Etat de remplir vos fou-
    haits ,
  Pour de l'argent , font pleurer & font
    rire.

C iij

Cette inscription dont Ma-gakou ne comprenoit pas le sens, l'engagea à recourir aux lumieres de son docte Gouverneur, qui après bien des conjectures assez vagues, osa avancer qu'il croyoit que ce Palais étoit l'azyle d'un certain nombre de Rois & de Princesses, gagés par le Public qu'ils amusoient, ou qu'ils attristoient, suivant les vuës qu'on avoit en y entrant, que Brama, dit Ma-gakou, ne jette sur mon individu, que le quart de la portion de soleil qu'il répand sur le reste de la nature ; s'il m'arrive jamais de donner de l'argent pour pleurer, les hommes n'ont-ils pas assez de chagrins particuliers, sans chercher encore à s'attendrir fur le malheur des gens qu'ils ne verront jamais, fortons donc, car je crains la tristesse. Venez, dit alors un Auteur qui entendoit raisonner le Voyageur, on joue ma Piéce, & je vous protefte que vous y trouverez de la bonne plaifanterie. Ma-gakou tira quatre Dariques de fa poche, & il entra avec fa fuite dans le Palais.

CHAPITRE II.

Comme quoi Ma-gakou, qui vouloit rire, pleura beaucoup.

APrès avoir paffé une Gallerie immenfe, le Voyageur arriva dans la grand'Salle du Palais ; fes yeux éblouis d'un Spectacle brillant, parcouroient avidement les différentes Places de ce séjour enchanté, Pegadon, que j'ai peint comme un homme d'esprit & de pénétration, soupçonna alors qu'il étoit à la Comédie, & il partit de là pour promettre beaucoup de plaisir à son Eléve.

Le lieu destiné à placer ceux qui devoient réjouir le Public, étoit entouré d'une double balustrade qu'occupoit un tas d'esclaves : Quoi dit le Voyageur, les esclaves ont de grands Priviléges danscette ville ! Qui vous porte à le croire, reprit le Gouverneur ? Quoi, repartit Ma-gakou, ne les voyez-vous point ici assis au premier rang ? Est-çe donc pour amuſer des eſclaves, que ce Palais eſt ainſi décoré ? Ne vous y trompez pas, Seigneur, répondit Pegadon ; ces gens qui occupent à ce moment les premieres places, ſont payés pour cela ; les Grands de la ville, ou ceux qui ſont aſſez riches pour le paroître, curieux d'étaler des robes éclatantes, veulent être placés ſur les gradins les plus élevés, & comme ils ne pourroient avoir ces Places par eux-mêmes, ſans contrevenir à l'uſage qui veut qu'on arrive tard, ils envoyent un eſclave qui les repréſente. Et ces femmes, reprit l'Eléve, dont la parure eſt ſi brillante & le teint ſi fleuri, ſont-elles auſſi des eſclaves ? Non, répondit le Gouverneur , mais elles ne viennent dans ce Palais , que pour en faire ; leurs yeux complaisans errent de tous côtés , jusqu'à ce que fixés sur celui qui leur plaît , elles puissent le trouver assez aimable , pour lui ôter l'envie de vouloir leur paroître tel à l'avenir , mais encore quelles sont ces femmes ? Leur état , répartit Pegadon, est l'indépendance , & leur occupation le plaisir , quoiqu'elles soient presque toutes d'une naissance différente , elles concourent au même but. Toutes ces petites chambres à jour sont indistinctement occupées par des Princesses , des Financieres & des Chanteuses d'Opéra , pour deux dariques , la femme d'un

Commis des Gabelles de l'Empire peut s'asseoir à côté de celle du premier Ministre ; je vois que vous me serez nécessaire , repartit Ma-gakou , continuez à m'instruire utilement, je commence à vous trouver supportable ; quels sont ces hommes diversement vêtus , qui s'agitent si violemment dans cette espéce de Place qui est au-dessous de nous ?

A leurs clameurs , je les prendrois pour des esclaves , votre erreur seroit grande , répondit Pegadon , ce petit nombre d'hommes que vous voyez là , tient tout le monde en respect ; Souverains des habitans de ce Palais, ils les admettent , ou les prof-

crivent au gré de leur caprice, car pour ne rien vous cacher, je dois vous prévenir
que la Place qu'ils occupent
leur donne seule le droit de
juger, le mérite y a rarement part ; cette Place, reprit Ma-gakou, est apparem-
ment fort chère ; non, Sei-
neur, repartit le Gouverneur,
on y entre pour six *Zanit* ;
& il n'y a pas de porte-faix
en cette ville, qui n'ait le
droit en payant cette petite
somme, de rejetter un bon
Acteur, ou d'en applaudir un
mauvais ; Etrange singularité
des Japonnois, continua Pegadon en moralisant ; on ne
voit qu'abus & inconséquence
dans leur conduite ; le juge-
ment des hommes & de leurs

ouvrages sera-t-il toujours abandonné à la Place, & ne le donnera-t-on jamais aux talens ? Parce que jadis il n'y avoit pour les Auditeurs, que l'enceinte que ces hommes occupent, & que composant tout le Spectacle, la liberté de juger leur appartenoit de droit, ils ont conservé cet ancien Privilége, & ils en jouissent aujourd'hui avec l'indiscrétion attachée à un Peuple mutin & leger. * Le Gouverneur alloit poursuivre, quand on leva le rideau, deux

---

* On n'avoit pas encore placé des Satellites dans les Parterres du Japon, quand l'Auteur composa ce Chapitre ; ainsi on dira à l'avenir que le Parterre tranquille par la force des armes, deviendra un lieu respectable sitôt qu'il aura acquis les connoissances nécessaires pour juger.

esclaves entrerent sur la Scene ; interdits à la vuë des Spectateurs, la parole leur manqua, & je présume qu'ils n'auroient pu continuer, si du fond d'un souterrain d'où il sortoit de la fumée & du feu, une voix cassée ne leur eût inspiré ce qu'ils devoient dire ; revenus de leur surprise, ces deux esclaves montrerent beaucoup plus d'esprit qu'ils n'en avoient ordinairement ; dirent des choses, qu'il étoit censé qu'ils devoient ignorer, ce qui persuada avec raison, que la voix qui partoit du souterrain, étoit la voix d'un Dieu Bel-esprit.

Ces personnages, qui étoient venus sans sçavoir pourquoi, partirent de même, un troisiéme leur succéda, il joignoit au dehors d'une fatuité agréable, les talens qu'il faut pour paroître ce que l'on veut être, celui-ci parla avec tant d'aisance, dit des choses qui étoient si propres à son caractére, qu'on soupçonna qu'il pouvoit se passer des inspirations du Dieu ; son amante, du moins celle qui ne pouvoit plus l'être, puisqu'elle étoit sa femme, parut avec lui; quelle douceur dans les plaintes ? Quelle tendresse dans les reproches ; le Public intéressé dans leur querelle, auroit souhaité qu'ils s'aimassent, si l'usage n'y avoit été contraire ; une rivale arriva, elle joignoit les graces du naturel, aux charmes de la beauté, si son aspect émut les cœurs, quelles impressions ne fit pas sur eux le ton enchanteur de la voix la plus tendre?

Jusques-là, on avoit entendu des choses frivoles, sans être plaisantes, & presque toutes déplacées ; le Peuple rioit, parce qu'il avoit payé pour cela, mais les gens d'esprit, un peu plus difficiles à remuer, étoient dans un calme qui annonçoit moins encore la tranquillité que la douleur ; un homme d'affaires entra ; le froid qui régnoit le frappa, & voulant servir l'Auteur qui ne l'avoit placé là, que pour réchauffer sa Piéce, il chargea par des contorsions & des exclamations outrées, un rôle déja trop chargé par lui-même ; mais le froid empira ; & il devint enfin général, lofqu'une mere éplorée entra, un mouchoir à la main ; elle venoit plaindre les égaremens d'un fils qu'elle aimoit , & elle peignoit fa fituation avec des couleurs fi frappantes , que l'affemblée partageant fa douleur , fondit en larmes , Ma-gakou outré d'être trifte , jura contre l'Auteur ; mais les pleurs qui accompagnoient les plaintes , fembloient faire l'éloge de celui même qu'il vouloit blâmer.

La Comédie fe termina par des maximes que perfonne n'écouta , les femmes fortirent , la populace fe retira dans une maifon ouverte à tout le monde , pour y entendre differter fon Orateur , & les Grands entrerent dans une chambre qui joignoit le Théâtre , & que l'ufage deftinoit aux arrangemens.

CHAPITRE III.

Comme quoi le voyageur eft emporté dans une petite maifon d'où il revient fans parler.

A Peine Ma-gakou y parut-il , qu'une jeune perfonne qui plaifoit fans être belle , lui fit une revérence profonde , cette prévenance fi contraire aux mœurs Afiatiques , furprit ce jeune homme, un point qu'il oublia de répondre à la civilité qu'on

venoit de lui faire , mais on
ne se rebuta point , & une
seconde révérence plus profonde attira Ma-gakou près
de la Dame polie , Pegadon
qui connoissoit le danger ,
voulut vainement le retirer ;
l'Eléve indocile étoit amoureux , & il ne s'agissoit plus
que de convenir des condi-
tions qui devoient le couron-
ner. Une compagne assez com-
plaisante pour sacrifier des res-
tes de prétentions au plaisir
d'obliger une amie qui lui
avoit fait accorder ses gran-
des entrées au Palais , offrit
la petite maison de son amant ,
c'est un Seigneur discret , qui
m'aime assez , dit-elle , pour
permetrre que je fasse le bonheur de deux jeunes aimables,

Ma-gakou répondit à ce compliment, par une révérence décontenancée, & donnant la main à la beauté qu'il s'étoit soumise, il la fit monter dans son Char, avec *Delaniga*, (c'est le nom de sa compagne.)

Arrivés tous les trois à la petite maison de l'amant de Delaniga, Ma-gakou se jetta aux genoux de *Bazika*, (sa coquette s'appelloit ainsi) & voulut que le plaisir scellât son bonheur, mais l'instant n'étoit pas encore arrivé, & les préliminaires n'étant point remplis, on arrêta l'empressement du voyageur, & on proposa une partie de *Comète* en attendant qu'on servît ; le maître de la petite maison s'excuſa de ne pas jouer, ſur l'obligation où il étoit d'écrire à un de ſes amis ; Ma-gakou fit *la chouette* aux deux femmes, & l'amant de Delaniga écrivit ſa Lettre ; un petit-maître qui s'étoit douté du Quadrille, entra à petit bruit dans le Salon où l'on étoit, & après s'être appuyé quelques inſtans derriere le fauteüil de ſon ami, il lui arracha ſa Lettre ; l'autre qui avoit des raiſons importantes pour que ſes ſecrets ne perçaſſent point, fit des inſtances inutiles, le petit-maître ne voulant rien entendre ; & en nous annonçant la Lettre *la plus délicieuſe* du monde, il lut ce qui ſuit :

LETTRE.

» Que votre vie , mon
» cher ami , est différente de
» la mienne ? Tranquille au
» sein de la Chine , vous jouis-
» sez d'un objet qui vous plaît,
» tandis que des arrangemens
» qui m'accablent , me forcent
» de recevoir dans mes bras
» une femme que je n'aime
» point. Je soupe comme à
» mon ordinaire à ma petite
» maison , mais Bazika que
» j'adore , va passer au sortir
» de la table , dans les bras
» d'un étranger qu'elle aime,
» on me traînera aux pieds
» d'une maîtresse dont l'âge
» respectable m'effraye. .. »
Le petit-maître alloit continuer, quand Delaniga se leva

en fureur, & arracha ce funeste billet, qui en lui annonçant un perfide, lui rappelloit des idées qui auroient été défagréables même à une femme aimable.

La Comète fut interrompuë, le foupé renvoyé, & Delaniga livrée aux pleurs, partit en jettant un regard de fureur fur l'ingrat qui la trahiffoit, & qui n'obtint fon pardon, qu'en lui envoyant le lendemain une robe d'or, tirée de la Manufacture de l'Empereur.

Ma-gakou confterné regardoit Lazika, celle-ci qui crut que la décence l'obligeoit à vanger fon amie, joua la fureur à fon tour, & partit de la petite maifon, appuyée fur fon amant.

Remontés dans le Char, Bazika ordonna au conduc-teur de prendre la route de sa maison, prêts à y entrer, ils furent arrêtés par une vieil-le femme, qui vint dire avec myſtére, que *Monſieur* venoit d'arriver, & que l'impatience où il étoit, le mettoit dans une colere dont les ſuites étoient à craindre : eſt-ce vo-tre Pere, dit bonnement Ma-gakou ? Plût à Brama, repar-tit Bazika ; celui qui m'attend eſt un Officier de l'Empereur, qui me donne cinq cens Da-riques par mois, pour que je lui ſois uniquement attachée, je les prends, & je tiens pa-role, lorſque je m'y vois for-cée comme aujourd'hui ; adieu cher Ma-gakou, comptez que
je

je partage sincérement les regrets aufquels je vous vois en
proye. Quoi, dit le Voya-
geur étonné, vous feriez ca-
pable d'aimer un autre homme que moi, après toutes les
proteftations que vous m'a-
vez faites ? .... Bazika leva
les épaules en fouriant , &
quitta le crédule Ma-gakou.

Que faifoit alors le trifte
Pégadon ? Accablé d'inquiétudes & de douleurs , fes cris
aigus frapperent Ma-gakou ,
qui errant au hazard fut char-
mé de retrouver fon Gouverneur, auquel il demanda un
azile où il pût tranquillement
réfléchir fur la fauffeté des
femmes , Pegadon qui craignit d'abord que les chofes
n'euffent été plus loin , fut

E

défabufé par le récit que lui
fit fon Eleve , & il le con-
duifit à l'inftant fous une ten-
te fuperbe où il paffa la nuit,
j'ignore à quoi faire , dormit-
il ? Veilla-t-il , fit-il la converfation avec quelqu'un ? ou
parla-t il feul ? Voilà ce que je
n'ai pu découvrir , s'il étoit
permis d'expofer des conjectures dans une hiftoire où tous
les faits doivent être facrés ,
je dirois qu'il eft à préfumer
que l'efprit du Voyageur é-
chauffé par la perfidie de Bazika auroit bien pu l'engager
à l'apoftropher pendant la
nuit.

CHAPITRE IV.

Comme quoi Ma-gakou trouve en s'acheminant le Palais de la Fée Chicorée.

MA-gakou se leva à la pointe du jour, on attela les coursiers, & on partit.

La nuée des sifflets revint à l'esprit du Voyageur, il ne put s'empêcher de craindre quelques événemens plus funestes encore, Pegadon à qui il fit part de ses allarmes, employa sa tranquille éloquence pour le rassurer, & peut-être auroit-il eu de la peine à y parvenir, si un azile enchanté, le centre de la volupté & de l'esprit n'eût dissipé sa crainte , en lui ouvrant un chemin aux plaisirs.

On entroit dans ce Palais bâti à la Moderne par une porte de cristal émaillé sur laquelle on avoit gravé tous les attributs qui caractérisoient la Fée.

Chicorée étoit née sous des auspices malheureux, la Déesse *Citrouille* qui présida à sa naissance la condamna à ne vivre que de chicorée pendant tout le tems qu'elle resteroit fille *, & elle lui prédit qu'elle mourroit trois jours

---

* Le grand *Ki-bilou*, ce fameux Etymologiste qui a balancé longtems la réputation de *Ménage*, prétend que c'est de cette punition que la Fée a pris le nom de *chicorée* ; le cas est trop embarassant à résoudre, le Lecteur trouvera bon que dans des matières de cette importance je le renvoye aux Originaux.

après qu'elle feroit mariée,
laide d'ailleurs, jufqu'à la dif-
formité, elle n'avoit pour réparer les défagrémens de fa
figure, qu'une taille de vingt-
deux piés, & un efprit fupé-
rieur qui triomphoit dans tous
les genres, à l'âge de trois
ans Chicorée avoit fait un
Poëme épique qui lui avoit
attiré les hommages de tous
les Sçavans de l'Afie.

La prédiction prononcée à
fa naiffance l'avoit allarmé,
non qu'elle eût ambitionné un
époux, elle avoit trop d'efprit pour ignorer qu'un mari
n'eft guères fait pour rendre
une femme heureufe, mais
l'idée de la volupté avoit re-
mué fon cœur dès l'âge où
les autres filles s'ignorent, &

voulant sçavoir si la prophé-
tie de Citrouille, en lui in-
terdisant le mariage, lui fer-
moit le chemin des plaisirs,
elle avoit osé invoquer une
seconde fois la Déesse qui cal-
ma ses inquiétudes, en lui annonçant que *sans contrevenir
à un oracle irrévocable , elle
pourroit rendre les Mortels heureux , pourvu que ses faveurs
ne s'étendissent que sur un homme qui auroit donné des preuves publiques de son esprit, le
contraire arrivant , elle étoit
menacée d'une métamorphose
qui devoit la priver de son étre.*

Chicorée fut consolée des
malheurs de sa situation par
le lénitif que l'Oracle y apporta ; & elle n'eut d'autre
objet que de faire de sa re-

traite un séjour enchanté qui pût attirer tous les beaux es- prits du Japon.

Depuis trente ans, ses vuës avoient été remplies, & il y avoit très-peu d'Auteurs dans Goa, qui n'eussent partagé la couche de la Fée Chicorée; dès l'instant qu'on apperçut le Char de Ma-gakou. On fit ouvrir la porte de cristal, preuve singulière de la com- plaisance de la Fée qui crut reconnoître deux Savans illus- tres dans Pegadon & dans son élève; les courtiers de la lit- térature, les colporteurs des ouvrages scandaleux, & les Auteurs de petites lettres con- tre les ouvrages qui ont réus- si, étoient obligés de passer sous une voute de chenilles qui n'étoit soutenuë que par des crapaux & des serpens.

Ma-gakou arrivé à la premiere cour, fut reçû par un Bramine révérentieux qui faisoit les honneurs du Palais de la Fée, & qui vivant depuis vingt ans avec elle dans un commerce uni, étoit réputé *sans conséquence*; remis par le Bramine à la seconde cour, il fut conduit à l'antichambre de la Fée par un Poëte Lyrique qui contrefaisoit une Epigramme contre un Musicien qui s'en vangeoit en refusant un Poëme qu'il venoit lui présenter.

Ma-gakou & son Gouverneur furent annoncés, la Fée ordonna sur le champ qu'on les présentât. Chicorée ne ressembloit point à ces grands impérieux qui ne font attendre dans une Anti-chambre que pour flatter leur vanité , ou honorer leur indolence en affectant des occupations qu'ils ne connoissent pas.

Les Voyageurs ne furent pas plutôt entrés qu'elle les fit asseoir près d'un Canapé de velours bleu sur lequel les plus beaux vers des Tragédies modernes étoient brodés en fil d'or, on en comptoit jusqu'à trente depuis dix ans. Il est vrai que Chicorée qui n'aimoit pas les hors d'œuvres avoit supprimé tous ces vers ronflans qui portent avec eux une maxime. En quel genre , dit la Fée , en s'adressant à Ma-gakou : travaillez-vous ?

Chantez-vous les Dieux & les Héros avec Homére ? Pleurez-vous avec Euripide ? ou riez-vous avec Ménandre ? Le Voyageur interdit gardoit un silence profond ; lorsque la Fée continuant à lui parler, lui dit en baissant la voix, je connois votre goût. tendre avec Anacréon , vous vous plaisez à chanter l'amour & les graces. Je vous avouërai de bonne foi , reprit Ma-ga-kou, que quoique je sois née à Goa , je n'entends point la langue que vous me parlez à ce moment. Cet Homére & tous ceux avec lesquels vous avez la bonté de me soupçon-ner d'être en liaison, sont des êtres imaginaires pour moi. Quoi, repartit la Fée, vous ne feriez point Auteur ? Ah ! Deftin, pourquoi le conduifois-tu dans ce Palais ? Convenez cependant, continuoit-elle en cherchant à fe faire illufion, convenez que vous avez au moins donné quelque Ouvrage dont le mauvais fort vous empêche de faire ici l'aveu ? Parlez ; confiez-vous à Chicorée, elle vous aime, le mot eft lâché, attendez tout d'elle.

Senfible à vos bontés, autant que je puis l'être, répondit le Voyageur, je dois y renoncer, s'il faut les mériter par le titre d'Auteur, j'ignore l'art de preffer le bon fens dans des mots, & je ne connois la Profe que pour les befoins de la Société ; il n'eft point Auteur, reprenoit la Fée en regardant

le ciel ; il n'eſt point Auteur?
Ah ! Dieux du Japon , cruelle
Citroüille, ſéparez-vous tou-
jours les talens de la figure?
Et ne peut-on être beau avec
de l'eſprit !

Une foule de beaux-eſprits
qui faiſoient alors leur cour à
Chicorée, & qui avoient des
prétentions décidées du côté
des agrémens de la figure,
firent ſentir à la Fée qu'elle
ne les flattoit point , mais
celle-ci s'excuſa ſur ſa con-
fiance à un vieux proverbe
Indien. *C'eſt un bel-homme,
donc il eſt bête* * *qui a paſſé
juſqu'en Europe.*

Ma-gakou qui crut que le

----

* Nous jugeons par ce trait, que ſi l'Auteur & le Traducteur avoient eu une figure
avantageuſe , ils auroient diſcretement
ſupprimé le proverbe.

principe des bonnes fortunes étoit de se donner une femme célébre, fit des mines à Chicorée, qui trop émuë déja par l'aspect de ce jeune homme osa y répondre ; ses yeux fixés sur le Voyageur, ne voyoient plus Citroüille ni sa redoutable prédiction ; & peut-être alloit-elle en défier les effets, si le Bramine son ami qui s'appercevoit du trouble que Ma-gakon jettoit dans son ame, ne lui eût fait sentir que sa vie étoit encore nécessaire à l'instruction du monde.

Soit vanité, ou désir de vivre, Chicorée parut plus tranquille, elle voulut même pour affermir le calme qu'elle croyoit gouter, qu'on éloignât le Voyageur, & pour le

faire avec bienféance, elle re-
commanda à un Poëte chargé
des honneurs de fa Cour, de
montrer à l'Etranger toutes
les curiofités du Palais.

Ma-gakou fuivit le Poëte
qui le mena d'abord à la rive
d'un canal immenfe fur lequel
les Auteurs célébres s'embar-
quoient pour l'immortalité;
ce canal étoit couvert de vingt
galiottes, armées, toujours
prêtes à voguer. Les mauvais
Poëtes qui avoient joui de
quelque gloire fervoient de
rameurs; on y voyoit beaucoup de perfonnages vantés
dans le dernier Siécle réduits
à ce pénible emploi; le Voyageur affura même à fon retour
qu'il y avoit reconnu quelques modernes ufurpateurs de

réputation que la faine politique devroit punir comme vo-
leur publics.

En quittant le canal, on
mena l'étranger dans un bof-
quet orné des ftatuës des hommes, dont les écrits toujours utiles avoient refpecté les mœurs.

Ces ftatuës étoient pofées
fur le dos des Auteurs obfcè-
nes qui leur fervoient de pie-
deftaux ; mais comme le nombre de ces derniers l'empor-
toit de beaucoup fur les autres;
on occupoit ceux d'entre eux
qui joignoient à l'efprit , la
corruption du cœur à refor-
mer leurs ouvrages.

Regnier déchiroit fes faty-
res les plus eftimées , *Moliere*
dont le piedeftal étoit déja
préparé dans l'allée des gé-

nies créateurs ; supprimoit ces traits qui partoient moins de son cœur que de la licence de son siécle. *Regnard* presque toujours indécent dans la plaisanterie revoyoit toutes ses Comédies , & en retranchoit ces phrases obscènes qui allarment la pudeur ; *Lafontaine* qui s'étoit imaginé de bonne foi que la pureté de ses mœurs avoit passé dans tous ses contes , ne les corrigeoit qu'avec peine. *Rousseau* qu'on a osé traiter il y a quelques mois de *versificateur sans génie & sans philosophie , qui a fait moins de bonnes odes que M. de V. n'a fait de bonnes Tragédies ,* Rousseau toujours attaqué & toujours triomphant effaçoit les trois quarts de ses épi-

épigrammes , & arrachoit de ſon livre les couplets odieux qu'on lui a ſi fauſſement attribués. *

Ma-gakou en quittant le boſquet entra dans une gallerie ornée en marqueterie de Stras , & de clinquant ; il s'aperçut qu'il y manquoit quantité de piéces , & en demanda la raiſon à ſon conducteur,

---

* Quoique *Rouſſeau* ait été condamné par un Arrêt reſpectable comme Auteur de ces mêmes Couplets , il ſeroit injuſte de conclure qu'il les a réellement faits , quand on aura des preuves du contraire. Rouſſeau abſent ne pouvoit renverſer les dépoſitions des témoins ſur leſquelles les Juges doivent prononcer ; mais les piéces juſtificatives trouvées à ſa mort aſſurent ſon innocence. *Boindin* qui avoit des raiſons perſonnelles pour croire Rouſſeau coupable, a prouvé que ce grand homme n'a jamais fait les Couplets.

F

qui lui dit que cette gallerie étant commune à tous les Auteurs tragiques ils venoient y prendre à leur gré ces morceaux éblouïſſants qui excitoient l'admiration de la populace ; à côté on voyoit une autre gallerie décorée de toutes ſortes de portraits ; elle étoit deſtinée aux Auteurs comiques qui étoient obligés de rapporter après la chûte de leurs piéces qu'ils en avoient enlevés , c'eſt ce qui faiſoit que la gallerie étoit toujours complette.

On ſortoit de-là par un ſouterrain orné de trumeaux & de tables de marbre , on voyoit dans le milieu de cet endroit obſcur trente jeunes gens prêter une attention pefante, à un homme qui écrivoit mal, & qui differtoit bien, énergique dans l'expreffion, fingulier dans le propos, & fouverain dans la décifion, Ma-gakou le prit pour le Gouverneur de ce fouterrain, mais la vanité de l'Orateur rejettant ce titre, il ufurpoit celui d'Ariftarque; c'étoit à côté de cet azile ténébreux qu'on forgeoit ces armes défenfives & offenfives que l'on appelle *cabales*. Que de gens au maintien doux, & au ton de probité venoient en acheter pour faire tomber des hommes avec lefquels ils vivoient depuis long-tems? combien d'Auteurs l'affurance fur le front, & la crainte dans le cœur, fe gliffoient

dans le fouterrain , pour y
prendre clandeftinement des
armes qu'ils méprifoient en
public , parce qu'elles leur fervoient en fecret?

CHAPITRE V.

*Comme quoi Ma-gakou en
quittant le Palais de la Fée
Chicorée eft tranfporté dans
l'Ifle des Fées fçavantes.*

LE voyageur qui fe ref-
fouvint qu'il avoit pro-
mis à fon pere , de revenir à
Goa fi dans huit jours il n'é-
toit point arrivé au temple
du bonheur , remercia le conducteur de fon attention , &
le pria de le mener chez Chi-

corée pour prendre congé d'elle.

La Fée l'attendoit dans un cabinet de Jasmin couvert de renoncules ; elle y avoit fait préparer une colation où le goût & la magnificence regnoient à l'envi ; le cabinet qui n'avoit que vingt piés de hauteur n'ayant pas permis à la Fée de s'y tenir droite , elle étoit nonchalamment couchée sur un lit de roses blanches , entouré d'un double rideau de jonquilles ; Ma-gakou demanda à boire , Chicorée qui attendoit ce moment avec impatience , ordonna à un colporteur qu'on lui servît de l'eau d'hipocrène ; il y avoit dans les jardins de la Fée un fil de cette eau précieuse qu'elle

réfervoit pour les cas pref-
fants; puiffe-tu, dit-elle, eau fa-
crée, infpirer à ce moment le
mortel aimable que je veux
élever jufqu'à moi? Ma-gakou
fenfible à ce doucereux propos, fe jetta aux genoux de
Chicorée, & peut-être auroit-
il fouffert que fes mains lui
manquaffent, fi la Fée qui
prévoyoit le danger où les
tranfports du Voyageur alloient le jetter, ne l'eût con-
traint de fe relever; Pedagon
qui mangeoit de bonne foi
abandonnoit fon Eléve à lui-
même; Ma-gakou but une ca-
raffe de l'eau divine; tranfporté tout-à-coup, il demanda
un crayon, mes vœux vont
donc être remplis, s'écria Chicorée, l'Etranger fera Auteur?

Attente vaine ; les idées confuſes du Voyageur ne pouvant ſe développer, il auroit épuiſé la ſource de l'Hipocrène avant de faire un vers.

Chicorée qui vit que tous ſes efforts devenoient inutiles, jetta un regard tendre ſur Magakou , & le frappa d'une baguette d'orange par la vertu de laquelle il fut tranſporté avec tous ſes gens dans l'Iſle des Fées Sçavantes ; puſſent-elles, dit la Fée en ſuivant des yeux le char de l'Etranger qui perçoit les nuës , te donner les talens que le Deſtin exige de ceux qui aſpirent au déſir de me plaire.

Ma-gakou arriva tout ſtupéfait au rivage de l'Iſle où Chicorée le réléguoit ; infor-

mé par le *Grand Atlas* que
fon Gouverneur portoit toujours avec lui, qu'ils étoient
dans l'Empire des Fées favan-
tes, ils demandérent à être
préfentés à la Souveraine; mais
la garde qui veilloit aux bar-
rières, les ayant repouffé avec
impétuofité, ils nommerent
la Fée *Chicorée*; à ce nom
refpectable, la garde prit les
armes, & après avoir falué
trois fois les Etrangers, elle
leur apporta un tas de porte-
feuilles de chagrin fur lefquels
ils fe repoferent, ce font les
carreaux de cette Ifle.

Des Lecteurs impatiens de-
manderont d'abord quelle é-
toit cette garde, & fans vouloir qu'une notte intéreffante
en faffe le détail; ils exigeront
d'abord qu'on leur dife que
les

les satellites de l'Isle des Fées Sçavantes étoient compofées de l'élite de tous les beaux-efprits clandeftins du Japon, qui ayant eu le malheur d'échouer dans les productions qu'ils donnoient fous leurs noms, portent aujourd'hui les armes au fervice des Fées pour lefquelles ils combattent avec fuccès.

La Souveraine de l'Isle informée de l'arrivée de Magakou l'envoya complimenter par une de fes fujettes ; celle-ci qui étoit de toutes les Académies du Japon, affomma le Voyageur des lieux communs de la vieille Rhétorique, & fon Gouverneur y répondit par autant de fadeurs.

G

Ma-gakou bien encenſé, & n'en valant pas mieux , parvint à la grille du Palais de la Fée Souveraine , le nom de Chicorée , redoutable dans cette Iſle , fit franchir les trois quarts d'un cerémonial faſtueux, l'ennui des Princes , & l'admiration du peuple hébêté. Le Voyageur paſſa la cour , traverſa la gallerie avec la précipitation d'un Courtiſan qui jouë l'importance , & ſe préſenta à Souveraine ; la Fée ſe remua ſur ſon ſiége ſans ſe lever , fit une révérence indolente à Magakou, & lui dit ſans parler qu'il pouvoit s'aſſéoir ; ne jugez point du caractere de Souveraine par ſa conduite avec l'Etranger ; cette Fée avoit le meilleur cœur du monde , & en se prêtant à l'étiquette , elle en méprisoit la froideur embarrassante ; mais elle étoit Souveraine ; & ce titre voilant sa bonté naturelle déroboit aux yeux du peuple des vertus que les Princes ne sont jamais maîtres de faire éclater.

La Souveraine tenoit appartement avec ses Dames d'*A-tour* ; tenir apartement chez elle , c'étoit s'occuper avec ses Dames à tirer des Brochures anciennes & presqu'ignorées , tous les traits qui faisoient *pensée* on *Epigramme* , & qu'on remettoit au sortir du Cercle aux *Invalides* de l'Etat, qui étoient oblgés de leur donner une tournure nouvelle.

L'heure du Concert annoncée, on passa de l'appartement de Souveraine à la Salle desti-née à ce Spectacle ; Ma-ga-kou suivit la Cour dont il avoir fixé l'attention, on pré-tend même que la Fée *coquet-te* lui fit des prévenances ; mais attendons la fin du Concert pour développer l'aventure, Souveraine ne fut pas plutôt placée, que le Concert com-mença. La Musique de cette Isle n'étoit point cette harmo-nie tendre, voluptueuse & expressive qui glissant sur l'es-prit, frappe directement le cœur ; des Fées Sçavantes vouloient de la Musique dif-ficile ; & pour que leur goût fût rempli, elles avoient soin de composer des Poëmes sin-guliers dont les pensées gigantesques, & la versification dure prêtoient au talent du Musicien. *

Du Concert on alla à la promenade ; la Fée coquette toujours étourdie par excès de prudence, tomboit à chaque pas , & l'indolent Magakou ne la relevant point , elle s'égaroit à tout moment dans un labyrinte où elle étoit forcée de se trouver ; Coquette après avoir tenté inutilement toutes les agaceries qu'une femme employe pour séduire un jeune homme, courut après la dignité en jouant un air dédaigneux qui n'eut pas plus de succès que les mines ;

---

* Le goût des Français n'approchoit-il pas un peu de celui des Fées ?

la Fée étoit laide , fuppofé qu'on pût l'être avec de l'efprit , mais le nombre exceſſif des hommes qu'elle avoit fubjugués lui avoit fait foupçonner des agrémens , & fe croyant jolie , elle ne pouvoit fe perfuader qu'on lui réfiftât ; faire des avances en pure perte , & affecter le mépris fans fuccès ; c'eft à peu près tout ce qu'une femme peut employer avec quelqu'un qui n'eft pas intéreſſé ; il refte cependant encore les reſſources de l'efprit , & ce moyen fut le dernier que Coquette mit en œuvre.

Souveraine qui depuis un moment avoit fait quelques queftions à Ma-gakou fur le projet de fon voyage dans l'Ifle , & fur les honneurs qu'on lui avoit rendus dans le Palais de la Fée Chicorée, eut quelques foupçons que cette Fée lui envoyoit l'E-tranger , & elle s'arrangea en conféquence ; mais pour cacher fes deffeins aux yeux de fa Cour, elle prétexta une affaire , & laiffa Ma - gakou avec les autres Fées.

CHAPITRE VI.

Comme quoi Magakou eft enchanté par la Fée coquette , avec laquelle Souveraine le furprend.

COquette qui n'avoit plus à craindre les yeux perçans de Souveraine , fe livra aux accès du bel-esprit ; anecdotes jolies dont ses aventures fournissoient le fond ; Epitres amusantes dont elle avoit hérité de son grand-pere qui étoit sans contredit le plus bel-esprit de son siécle ; piéces fugitives qu'elle croyoit avoir faites ; tous ces trésors prodigués vainement la jetterent dans un désespoir, qui l'auroit porté à des extrémités dangereuses, si elle avoit pû quitter un instant les prétentions que la vanité peut-être, autant que le goût, lui donnoit sur l'étranger.

Quel parti prendre, disoit-elle, avec un homme assez présomptueux pour mépriser mes charmes, ou assez sot pour ne pas voir que je veux lui plaire ? il est encore une res-

source à ménager ; employons-
la ; mais périssons , fi elle ne
réussit point.

A ces mots Coquette qui
dans tous ses projets affectoit
toujours de n'en avoir aucun ,
demanda la main à Ma-gakou,
qui connoissoit trop les bien-
séances pour la lui refuser ; &
elle le conduisit dans son appartement sous le prétexte de
lui faire voir un Cabinet rempli de morceaux rares.

Ma-gakou à peine entré
s'occupoit à considérer toutes
les curiosités de l'appartement de Coquette , la Fée dé-
sespérée de ne point jouir seule de ses regards ; imagina qu'il
étoit important qu'elle se trou-
vât mal ; elle feignit une fai-
blesse dans laquelle elle tomba

avec beaucoup d'art. L'imbécille Ma-gakou qui crut le mal
dangereux appella du monde,
les gens de la Fée monterent,
Coquette qui vouloit tout
éprouver, se trouva mieux,
& les renvoya ; furieuse,
comme on peut se l'imaginer,
d'avoir vuë sans effet une fai-
blesse qui lui avoit toujours
réussi ; elle s'assit nonchalament sur un Canapé, le centre
de ses plaisirs, sa tête appuyée
sur son bras droit, laissoit voir
une gorge dont la blancheur
pouvoit au moins faire soup-
çonner quelqu'autre mérite ;
Ma-gakou toujours sot croyoit
que les Canapés étoient faits
pour le repos, & il alloit sortir dans la crainte de troubler
Coquette, si elle n'avoit eu

l'art de le retenir. Affis près d'elle, il rompit le filence qu'il gardoit avec une bêtife affommante ; mais les queftions déplacées qu'il faifoit à la Fée fur le prix de toutes les curiofités qui le frappoient, foule-verent la colere de celle-ci; & je ne doute pas que Ma-gakou n'en eût été la victime, fi elle n'eût préféré le foin de le fixer au plaifir de punir un ingrat qui l'offenfoit.

Entre toutes les queftions intéreffantes que le Voyageur faifoit à la Fée, il s'en trouva une, qui décida beaucoup, quoiqu'elle femblât ne mener à rien ; les Spectacles excite-rent fa curiofité, & il voulut fçavoir fi on jouoit la Comé-die dans l'Ifle. Vous arrivez

à propos, dit Coquette, pour
envoir repréfenter une en cinq
Actes que l'on répéte actuel-
lement. Excufez, reprit l'E-
tranger, l'idée feule de la trif-
teffe me chagrine, & je n'aime
point à pleurer ; je crois vous
avoir prévenu, repartit Coquette, que la Piéce que je
donne eft une Comédie, &
j'en fais de fort amufantes. Ah,
fi vous en faites, repartit Ma-
gakou, qui commençoit à devenir galant, je m'apprête à
y rire ; & pour juftifier votre
idée, répondit la Fée, je vais
vous faire un facrifice rare,
& qu'on n'obtient que dans
les cas preffans ; vous m'en-
tendez, je penfe ; pas trop, dit
Ma-gakou, mais c'eft fi votre
Comédie que vous voulez

avoir la complaifance de me lire, je l'entendrai avec plaifir.

Coquette lui ferra alors la main en feignant de l'appuyer fur lui pour fe lever, & courut à un tiroir d'où elle tira un morceau de marqueterie compofé de différentes piéces rapportées, dont la diverfité formoit un enfemble fingulier. Voici, Seigneur, l'ouvrage merveilleux dont on parle depuis fi long-tems dans cette Ifle. *Penelope*, continua hiftoriquement Coquette, pour amufer fes amans faifoit une tapifferie dont la fin devoit décider fon cœur; mais la bonne femme avoit de vieux préjugés, & elle détruifoit pendant la nuit l'ouvrage du jour. Moins ridicule que l'é-

poufe d'Ulyffe, je vous pré-
fente une Piéce le fruit du
matin, & la récompenfe de
la nuit.... Sans vous inter-
rompre, reprit le Voyageur,
ce difcours eft un peu énig-
matique, & j'aime la clarté...
Je ne m'en fuis que trop ap-
perçu depuis que j'eus l'honneur de vous entretenir, répondit froidement Coquette,
& c'eft dans la feule vûë de
*jetter des clairs dans mon pro-
pos*, que je vous apprends que
tous ceux qui ont eu le bonheur de me plaire, ont été
obligés de payer cet avantage, par une tirade dans ma
Piéce; eft-elle longue, repartit Ma-gakou qui s'enhardif-
foit? Il n'y a que quinze cent
vers, répondit la Fée; ce qui

feroit felon votre calcul, reprit le Voyageur..... Une im-
pertience que vous voulez me
lâcher, dit Coquette ; ména-
gez vos difcours, ou vous me
mettrez dans le cas de me dé-
barrafler avec éclat de vos im-
portunités. Ma-gakou qui étoit
extrêmement tranquille foû-
rit au propos, & n'y répondit
rien, Coquette lut le titre de
fa Comédie en rougiffant, tel
qu'un Auteur qui fent des remords en peignant les vices
qui lui font propres.

Le premier égaya triftement
Ma-gakou qui s'endormit pé-
fament au fecond, moment
heureux dit la Fée, je puis
vous mettre à profit fans man-
quer à l'auftère décence de
mon féxe ! Qu'il eft beau,

s'écrioit-elle en le regardant tendrement, pourquoi Brama lui a-t-il refusé cette intelligence ?... Pourquoi, mais c'est me perdre dans des réfléxions inutiles , poursuivit Coquette en s'interrompant, goûtons la vertu du charme; & jettons dans le cœur de l'Etranger un feu que je pourrai seule éteindre. Immédiatement après cette résolution la Fée prononça quelques paroles Arabes, avança trois pas , & en portant la main sur une boëte de nacre de perle qui renfermoit le feu dont elle vouloit brûler Ma-gakou; elle se trouva elle-même enveloppée dans le charme ; & sa raison troublée lui fit oublier

que

que la porte de son cabinet
étoit ouverte.

Souveraine, comme on l'a
dit dans le Chapitre précé-
dent, avoit des desseins sur le
Voyageur, étonnée de ne
point l'avoir vuë à son soupé,
elle quitta la table sous le prétexte d'une migraine, & feignant de se retirer dans son
appartement, elle se rendit à
celui de la Fée Coquette,
dont elle connoissoit l'humeur
tendre. Ah Dieu ! Quelle fut
sa surprise à la vûë de l'encha-
tement ? Irrésoluë sur le parti
qu'elle avoit à prendre, tantôt elle vouloit profiter de l'é-
garement dans lequel leurs
sens étoient plongés pour les
immoler tous deux, tantôt
suspendant sa fureur, elle se

plaisoit à trouver Ma-gakou
innocent , & Coquette étoit
seule coupable à ses yeux;
c'est trop différer , continuoit
Souveraine , vengeons-nous!
Quand l'amour est extrême,
il est plus doux de faire périr
son amant , que de sçavoir
qu'il vit pour une autre. ....
Mais que dis-je , poursuivit-
elle , le Voyageur sçait-il que
je l'aime? Et quand même il
connoîtroit mon cœur, peut-
il me trahir , s'il ne m'aime
pas? Soyez tranquille , Ma-
gakou , le coup qui va percer
ma rivale doit vous épar-
gner. A ces mots Souveraine
regarda trois fois les cieux,
remua sa baguette d'acier , &
Coquette fut métamorphosée
en Loge de Spectacle; puni-

tion d'autant plus cruelle, qu'elle lui rappelloit l'idée des plaiſirs qui la fuyoient pour toujours. La métamorphoſe de Coquette diſſipa le charme de Ma-gakou, qui ne rappella ſes eſprits égarés que pour les envelopper dans un nouvel enchantement ; mais tranquilles au ſein de leur délire , ces deux amants bravoient les baguettes & les taliſmans.

Revenus de leur trouble ils ſe jurerent un amour éternel ; ferment d'uſage qui ne mene à rien ; mais que les femmes exigent moins pour attacher un amant, que pour s'aſſurer de ſa diſcretion ; après beaucoup de proteſtations auſſi frivoles , qu'ils ſe promettoient bien de violer tous deux. Souveraine fit paſſer ſes Gardes en revuë devant Ma-gakou, honneur ſingulier qu'on ne rendoit qu'aux Etrangers de diſtinction, le combla de préſens, l'enchanta une ſeconde fois, & le laiſſa partir.

CHAPITRE VII.

Comme quoi Ma-gakou, en quittant l'Iſle Sçavante eſt porté dans le Palais de la Fée Ponpon.

QUel plaiſir, dit Ma-gakou à ſon Gouverneur, de voyager dans le Pays des Fées, il n'y a que quatre jours que nous avons quitté Goa, & nous touchons aux pays limitrophes du Temple du Bonheur ; le plaifir , répondit Pegadon, que l'Ifle Savante avoit excedé , feroit parfait , fi on n'étoit pas obligé de l'acheter par tant d'ennuis ; fi vous pouviez vous imaginer quel fond de legereté, de jaloufie , d'inconféquence , j'ofe même dire de ftupidité , j'ai trouvé dans toutes ces femmes d'efprit , vous auriez au moins la complaifance de plaindre les momens qe j'ai été forcé de paffer avec elles ; je connaîs le Sexe ; une longue expérience m'a éclairé fur tous fes travers , & je fuis affez raifonnable pour ne l'eftimer que ce qu'il vaut ; utile à nos plaifirs, il arrache nos hommages dans l'inftant même que nous fçavons qu'il en eſt indigne, nous devient-il indifférent ; l'âge, la ſageſſe nous éloignent-ils de ſon commerce nous le jugeons avec les yeux de l'impartialité, & le mépris ſuit.

Ah Pegadon, reprit le Voyageur, vous avez de l'humeur, ou vous connoiſſez bien peu les femmes ? que ce Sexe charmant eſt différent du portrait de ceux que vous en faites ? un pinceau auſſi groſſier me feroit ſoupçonner que vous n'avez pas toujours vêcu dans un monde digne de vous.

Jeune encore, je ſuis dans l'âge où il ſemble qu'il eſt permis de parler des femmes avec peu de ménagement ; cependant je crois les connaître aſſez pour devoir être offenfé de la façon injurieufe avec laquelle vous les traitez ; ames de nos plaifirs , guides de nos premiers pas dans le monde , nous devons à leurs foins notre éducation & notre fortune ; fenfibles à notre attachement, elles le payent d'un retour dont notre fourberie & notre inconftance les rendent prefque toujours victimes ! où puife-t-on la décence ? le bon goût, l'efprit & la délicateffe, fi ce n'eft dans le commerce d'un fexe refpectable , qui feroit parfait , fi nous euffions moins de défauts ?

Après ce portrait qui reffembloit peu aux femmes que le Voyageur avoit vu chez Chicorée, & dans l'Ifle Savante, il fe trouva à l'avenüe d'un

Jardin immense dont un large fossé défendoit l'entrée ; une vielle Fée qui étoit dans l'intérieur du Jardin l'apperçut, & lui fit un signe qui lui annonça qu'il alloit entrer ; dans le moment un Pont de gaze soutenu par huit pilliers de dentelles de *Malines*, & orné d'une rampe de falbalas de taffetas couleur de Rose déchiqueté en nœud d'amour, s'offrit aux yeux de Ma-gakou, le voyageur surpris ne marchoit qu'à tâtons ; la crainte d'être précipité dans le fossé, l'engagea à s'appuyer sur la rampe, mais quel fut son étonnement de voir sortir d'un des plis du falbalas qu'il venoit de toucher, un Char de mousseline brodée en or & trainé par six Papillons

lons. qui le porterent dans neuf secondes aux portes de l'appartement de la Fée *Ponpon* ; c'est de ce Palais que les agréables de Goa tirent toutes les modes.

La Fée *Bavarde* , nom propre à presque toutes les Fées , mais qu'on avoit donné singuliérement à la vieille, dont on vient de parler , parce que entée sur quelques bons mots , qu'elle a volé dans des soupés fins , elle s'est acquise la réputation d'une Fée d'esprit ; éloge trivial que notre complaisance prodigue par intérêt à des femmes , qui semblables à Bavarde , n'ont qu'un fond d'effronterie soutenüe par une expérience immémoriale.

Pour faire entrer le voyageur dans l'appartement de

Ponpon, je dirai que Bavarde ouvrit les deux batans d'une porte de luſtrine Jonquille, aux deux côtés de laquelle on avoit peint en paſtel un Chat, & une Epagneulle.

La Fée reçut Ma-gakou avec une conſidération qu'elle n'avoit que pour les jeunes gens, elle auroit même eu la bonté de ſe lever, ſi Bavarde, n'eût trouvé ſur l'agenda du mois. *Nota, que le 17 Madame ſera malade,* cette réflexion mettoit la Fée dans ſon lit, & ſans la néceſſité de ſa maladie, on auroit pû croire qu'elle n'y reſtoit que par vanité; car elle y étoit *au mieux,* comme vous en allez juger.

Le lit de Ponpon ſoutenu par quatre Pagodes Chinoiſes,

que *la Fresnaye* avoit du moins
vendu pour telles , formoit une
alcove dont les rideaux de fa-
tin blanc taillés en découpures,
donnoit une entrée au jour, &
souvent quelque chose de plus
à la curiosité ; la Fée appuyée
fur dix carreaux de plumes de
cigne jouoit avec les cordons
de fa fonnette , dans la feule
vüe de montrer un bras dé-
charné fur lequel on decou-
vroit quantité de veines très
bien conditionnées , car Ponpon elle - même fe les faifoit ; après quelques excufes
fur le négligé *affreux* dans
lequel on la furprenoit ; elle
gronda Bavarde de l'indif-
crétion qu'elle avoit com-
mife , quand on a près de

trente ans , * *difoit la Fée ,*
doit-on rifquer de fe faire voir
dans fon lit, fans apprêts, fans
toilette ! . . . j'ai paffé une nuit
épouvantable; fans fermer l'œil,
oh je fuis fure que je fais peur;
vite un miroir, Bavarde obeït;
Ponpon en faifant femblant de
s'arranger , tâchoit de fe jetter
dans ce défordre aimable qui
prête les agrémens de l'art à
celles qui font privées de ceux
de la nature , mais fes efforts
furent inutiles : & après avoir
dit , *qu'elle n'étoit pas recon-*
noiffable , elle demanda à Ma-
gakou , s'il ne la trouvoit pas
d'une pâleur affreufe ; le voya-

---

* L'Auteur part de-là pour affurer que
fuivant les régles d'un calcul exactement
combiné , la Fée avoit 48 ans , vous le
fçavez bien Meffames.

geu qui les bonnes fortunes
donnoient un ton de facilité ,
répondit fans ménagement à
Ponpon ; la Fée en fut irritée,
& elle voulut être pâle , mal-
gré la varieté des couleurs
dont fon vifage étoit chargé ;
de ces propos vagues , elle
paffa à des matiéres importantes au moins dans la fituation
où elle étoit , car il eft bon de
dire que Ma-gakou lui plaifoit
déja moins. Le voyageur infen-
fible aux attraits que Ponpon
vouloit avoir , ne répondoit à
toutes fes queftions qu'avec ce
ton diftrait qui défefpere toujours les femmes qui ont de
l'expérience ; la Fée indignée
de voir fes agaceries inutiles ,
fe détermina à fe porter bien ,
Bavarde tranfpofa la notte de

l'agenda , & Ponpon joüit alors d'une santé aussi *jolie* qu'une femme de condition peut l'avoir.

La Fée qui ne cessoit d'être malade , que pour gouter les charmes d'un état plus doux, voulut se lever, mais aupara-vant elle fit apporter sur son lit son Chat & son Epagneule, auxquels elle dit d'un ton de mignardise beaucoup de folies entortillées dans des choses assez raisonnables ; après sa harangue qui parut d'autant plus ennuyeuse à Ma-gakou, que chaque phrase étoit inter-rompue par un baiser ; elle les remit à Bavarde qui voulut aussi avoir l'air des les caresser, mais le chat l'égratigna , & l'épagneule lui mordit la main

gauche, avec tant de violence, qu'elle fut obligée de fufpendre fes fonctions ordinai-
res pendant très-long-tems ;
cet accident parut heureux à
Ponpon, Bavardene pouvant
la coëffer , elle fe perfuada
que l'Etranger voudroit bien
prendre ce foin ; mais Ma-gakou étoit fort gauche , & très-
peu galant; de forte que plus la
Fée fembloit embaraffée , plus
il la plaignoit ; & des plaintes
dans ces circonftances ne
font qu'augmenter l'embaras ,
parce qu'elles le montrent irré-
parable.

Ponpon fe coëffoit mal , Bavarde regrettoit fa main fecou-
rable ; & Ma-gakou moins
affis que couché fur un tas de
carreaux de marte - zibeline ;

prenoit part à leurs malheurs, avec ce sang froid plus sensible que le malheur même.

La Fée chargea sa tête de fleurs d'Italie, auxquelles elle communiquoit une odeur fort agréable pour ceux qui aiment les parfums, elle mit un bonnet à la *Rhinoceros* qui ne lui couvrant que le tiers de la tête, laissoit voir beaucoup de cheveux blancs qui justifioient que Ponpon touchoit à sa trentiéme année, comme elle l'avoit modestement remarqué dans son début avec le Voyageur; elle s'arma tour à tour de differens pinceaux trempés dans des couleurs qui formant un mélange de rouge, de bleu & de blanc, rendoient la Fée hideuse avec plus d'éclat; l'envie de paraître jolie enlaidit des femmes dont la figure feroit supportable, si l'art ne la gâtoit point, je connais cent Japonnoifes belles jufqu'à l'inftant qu'elles ne prétendent pas l'être, & qui deviennent affreufes auffi-tôt qu'elles ont travaillé à s'embellir, Ponpon fans rouge n'étoit que laide, les apprêts la rendoient horrible.

Après ce prélude dont les lenteurs affommoient l'impatient Voyageur, la Fée prit fes dents, peignit fes lévres, & fes fourcils, retoucha aux veines de fes bras, & demanda qu'on lui paffât une robbe ; Bavarde la préfenta à Ma-ga-kou qui s'excufant fur fa maladreffe, mit Ponpon dans la néceffité de s'habiller elle-même.

CHAPITRE VIII.

Comme quoi Ma-gakou est in-troduit dans la grotte de la Fée Ponpon ; où il s'y passe des choses ausquelles il ne s'attendoit pas.

LA Fée n'eut pas plutôt parcouru tous les trumeaux de son appartement, qu'elle entra dans un cabinet de verdure où l'Etranger la suivit, Bavarde qui supposa que sa présence seroit inutile dans le tête-à-tête s'occupa à broïer avec sa main droite les couleurs dont elle crut que Ponpon auroit besoin à son retour ; & cette peine ne devint pas inutile.

Le cabinet de verdure dans

lequel Ma-gakou étoit , atti-
roit seul une admiration que
la Fée auroit bien voulu partager ; mais le Voyageur obs-
tiné qui ignoroit l'histoire d'E-
gypte , ne pouvoit concevoir
que des arbres se soutinssent
dans les airs sans le secours d'un
enchantement ; Ponpon fati-
guée d'entendre prodiguer à
des arbres des sufrages qu'elle croyoit dûs à ses attraits ,
donna deux coups d'eventail *
à Ma-gakou qui dans l'instant
fut transporté au fond d'une
Grotte profonde qui n'étoit

* C'est depuis cet événement , que l'u-
sage des éventails a passé en Europe ; s'ils
n'ont point, comme ceux de *Ponpon*, la
vertu de transporter un homme dans une
Grotte, nos Dames leur connaissent des
avantages qui menent plus sûrement au
même but.

éclairée que par des vers lui-
fants.

L'Etranger avoit befoin que
Pegadon l'éclairât dans une
pofition auffi embaraffante ,
le Gouverneur qui avoit lû
Virgile , auroit appris à fon
éleve que le bonhomme Enée
fe trouvant dans une Grotte
avec la Reine de Carthage ....
on devine à peu près ce qu'ils
y firent , quoique le Poëte
Latin ait eu la difcrétion de le
cacher ; de cet exemple , l'ap-
plication étoit aifée à faire ;
mais le Voyageur qui n'avoit
pas lu l'Enéïde , fe coucha
fur un gazon de penfées , &
s'occupa à réfléchir aux maux
qu'il crut que Ponpon lui pré-
paroit , premiere fottife ;
quand cette idée imbécille le

quittoit , il se figuroit que la Fée avoit du goût pour lui , & qu'en y répondant il seroit le maître de sortir de la Grotte, & de commander dans son Palais ; mais prêt à se rendre à la sagesse de cette réfléxion ; il préféroit le séjour d'un antre ténébreux , à l'humiliation de seconder les vœux d'une Fée qui étoit laide, & vieille. Autre sottise , où donc en seroient nos respectables doüairieres , si les jeunes gen s de Goa pensoient aussi stupidement que Ma-gakou, où en seroient-ils eux-mêmes? Il ne convient qu'à l'opulence de courir après la beauté ; combien de nos jeunes Seigneurs seroient obligés d'aller à pied , s'il étoient assez sots pour être délicats , les vieilles & les laides ne font bonnes qu'à ruiner , & c'eft une petiteffe oppofée à l'ufage de fe faire un fcrupule là-deffus.

Le Voyageur donna à la crainte, ce qu'il devoit à la politique, Ponpon s'approcha de lui , & le baifa fi tendrement qu'elle en perdit trois dents que Ma-gakou avala, la Fée enchantée d'un évenement qui mettoit l'Etranger en couroux , leur annonça que les Arrêts du deftin le retenoient dans la Grotte, jufqu'à l'inftant qu'il remettroit les trois dents au lieu d'où elles étoient forties. Pefte foit de vous, Madame, dit Ma-gakou d'un ton emporté ! J'aime mieux périr en m'échappant de cet antre odieux, que d'y rester davantage avec une femme de votre espece.

Ponpon irritée de ce discours injurieux ; s'éloignant de Ma-gakou, frappa la terre avec sa baguette, & fut transportée dans un bosquet mystérieux, où elle s'occupa à rêver seule sur la conduite de l'Etranger, qu'elle avoit laissé dans la Grotte, & qui s'efforçoit à trouver une issue pour sortir d'un séjour funeste ; tentatives inutiles, l'Arrêt étoit porté, & il n'y avoit que le secours de la médecine qui pût lui rendre la liberté ; mais par une fatalité singuliere, il n'y avoit pas de Faculté dans un Palais où l'on donnoit tout à la mode & au hazard ; Ma-gakou se ressouvint alors que son gouverneur chymiste entêté avoit mangé son bien, à acquerir des connaissances très-vastes dans l'art de fondre les métaux, & il se persuada que Pegadon auroit quelque liqueur *divine* qui pourroit l'arracher de sa triste situation, en lui faisant évacuer les trois dents de Ponpon, la difficulté étoit d'aller jusqu'à lui, Bavarde le retenoit auprès d'elle, & cette Fée qui avoit un goût déterminé pour les longues conversations, étoit fort éloignée de renvoyer Pegadon.

L'Etranger étoit plongé dans ces réflexions, quand Ponpon entra la bouche ouverte faisoit voir une machoire édentée

édentée , qui demandoit un remplacement , mais Ma-ga-kou qui ne pouvoit la satis-faire , la pria avec des instan-ces très-vives , de lui imposer telle autre peine qu'elle juge-roit à propos , pourvû que sa liberté en suivît l'expiation ; Ponpon touchée de pitié s'ap-procha pour baiser de nouveau le Voyageur , Ma-gakou qui appercevoit encore des dents craignit un nouveau malheur , mais l'indulgente Ponpon le rassura , en se les arrachant toutes.

Livré alors avec moins de défiance aux caresses de la Fée, il parvient à surmonter sa répu-gnance , & à mériter sa grace, le Voyageur enchanté de sa conquête , détestoit tous les

inſtans qu'il avoit perdu, Ponpon enfin lui parut charmant,
tranſporté des idées flatteuſes
qui venoient d'enyvrer ſon
ame, il ſe jetta aux genoux de
la Fée, qui toujours ſure de
jouir dans le tête-à-tête des
ſuffrages qu'on lui refuſoit en
public, voulut bien l'écouter
encore ; quelle converſation ?
Que Ponpon y mettoit d'eſprit ? Ma-gakou n'avoit que
le tems d'admirer ; & ſi quelque fois il vouloit parler, la
vivacité de la Fée prévenoit
ſes réponſes, images neuves
préparées par la réflexion,
mais qui ſembloient naître
d'un heureux hazard ; mouve-
mens tendres dictés par l'expérience, mais uniquement attribués à la force de la paſſion ;

expreſſions ſingulieres acqui-
ſes par l'uſage, & qu'on n'impu-
toit qu'à la violence d'un ſen-
timent inpétueux. Telle fut la
ſeconde converſation que l'E-
tranger eut avec Ponpon, honteux de n'avoir pas le tems
de dire toutes les jolies choſes
dont ſon eſprit étoit rempli,
il ouvrit une nouvelle carriére
à ſon éloquence, la Fée qui
étoit curieuſe de ſçavoir s'il
s'énonçoit avec grace, le laiſſa
parler, mais à peine eut-il pro-
feré trois phraſes, que la parole lui manqua, Ponpon qui
le fixoit dans cet inſtant, le
fit rougir; envain elle eſſaya
de lui faire reprendre le fil de
ſon diſcours en le remettant
ſur la voïe, Ma-gakou inter-
dit ne put pourſuivre, & il n'eut

K ij

que la force d'imputer son silence à l'excès de sa vivacité ;
ressource usée des mauvais
Orateurs , mais à laquelle on
ne croit plus.

Le Voyageur remis de son
étourdissement demanda à
Ponpon la permission de prendre congé d'elle ; la Fée qui
avoit ses raisons pour s'en dé-
barasser , lui donna trois coups
sur le revers de la main gauche , qui firent revenir les trois
dents qu'il avoit avalé ; & par
une suite de sa puissance , elle
le transporta dans un Salon immense, où elle donnoit audience à tous ceux qui venoient
demander des modes , des se-
crets & des goûts nouveaux.
La salle remplie de coquet-
tes, de prudes, de Saldapes &

de Bramines, retentiſſoit des demandes indiſcrettes qu'ils faiſoient tous à Ponpon une ſeule femme parut deplacée dans cette brillante cohuë; jeune & belle, elle venoit chercher les moyens de plaire à ſon époux, Ponpon qui ſe fit un plaiſir de la ſeconder dans une idée auſſi bizarre, lui conſeilla de faire rompre ſon mariage.

Après l'audience Ma-gakou demanda ſon équipage, mais la Fée qui vouloit le faire voyager avec rapidité, fit atteler huit Perroquets à ſa Berline, qui le conduiſirent dans vingt minutes au Royaume de la Raiſon.

CHAPITRE IX.

Comme quoi Ma-gakou arrive à la Capitale du Royaume de la Raison, & se perd dans la Ville, faute de trouver quelqu'un qui pû lui enseigner les chemins.

LE Voyageur descendu de la Berline, fit une petite conversation avec ses Coursiers après laquelle il les renvoya.

Un Philosophe qui gardoit la porte de la Ville lui fit un accueil très-gracieux; Pegadon voulut s'entretenir avec lui sur les mœurs des habitans, le Sage leva les yeux au Ciel, & quitta les Etrangers, la singularité de ce début excita leur curiosité ; car il est bon de dire qu'ils ignoroient où ils étoient. Arrivés à la Ville ; ils parcoururent une place très-vaste ornée de Maisons, bâties sans faîte & élevées de vingt piés au plus , à l'extremité de cette place on voyoit les différens quartiers de la Ville qui paraissoit immense , Ma-gakou qui cherchoit un guide , jetta les yeux de tous côtés , sans qu'il pût découvrir personne , la saison étoit très-belle , il se persuada que les habitans de *Pays-perdu* (c'est le nom de la Capitale du Royaume de la Raison) étoient allés à la campagne , pour y jouir de la promenade ou y voir quelques spectacles curieux , assis sur des bancs mis exprès pour la com-

modité des Voyageurs, il attendoit que la nuit ramenât les
Citoyens dans la Ville , pour
demander un logement quand
Pegadon impatient s'avisa de
frapper à une porte voisine du
lieu où ils étoient; un vieillard
ouvrit, & leur offrit sa maison pour azile ; las d'être ex-
posés aux ardeurs du Soleil, ils
l'accepterent.

Le vieillard servit aux Etrangers un repas frugal pendant
lequel ils leur lut l'histoire de
son pays ; instruits alors qu'ils
étoient dans la Ville de la Raison ; la surprise où ils avoient
été de la trouver si peu peuplée diminua ; Ma-gakou qui
vouloit s'instruire demanda s'il
y avoit beaucoup de femmes
dans ce Pays-Perdu, je me sou-
viens

viens d'en avoir compté jufqu'à trois, répondit le vieillard;
mais la mort les ayant enlevé,
l'efpece manque depuis long-
tems, & nous n'en voyons plus;
une femme eft cependant quelque chofe, reprit le Voyageur,
& tout pefé, elle eft affez
neceffaire aux plaifirs d'un
état, pour qu'on prenne le
foin d'en avoir; trop fenfés,
repartit le vieillard pour ne pas
connaître nos befoins, nous
fçavons quelquefois les fou-
haiter, mais où en trouver qui
ayent les qualités fuffifantes
pour acquerir dans cette Capitale les droits de naturalité;
j'avouë répondit Ma-gakou
que le Japon eft d'une très-
petite reffource de ce côté-là;
mais vous avez l'Europe,

L

Pays Fertile qui abonde en femmes raisonnables *...Que dites-vous , jeune Etranger, reprit le sage vieillard , il y a vingt ans que nos Vaisseaux y ont abordé dans la seule vuë d'en acheter un nombre assez considérable pour réparer le malheur des tems ; mais au nom seul de la Ville la migraine les a surpris, & s'il s'en est trouvé quelques-unes assez courageuses pour entreprendre le voyage, l'air de cette Ville contraire à leur tempérament, les a obligé de reprendre la route de l'Europe , puis-

---

* Il est aisé de voir que Ma-gaxou n'avoit pas voyagé en Europe ; & surtout.... devinez le reste, si vous êtes assez raisonnable pour convenir que vous ne l'avez jamais été.

fe le Dieu qui veille fur cette contrée amener des tems plus heureux ?

Mais une femme, reprit Ma-gakou qui fait de jolis vers , ou des Romans agréables , n'a-t-elle pas toute la raifon qu'il lui faut pour vivre ici , nos correfpondans en France , répondit le vieillard , qui ne veullent rien avoir à fe repro-cher , nous font paffer exac-tement toutes les productions de ces femmes d'efprit ; l'en-vie que nous avons de les trou-ver telles que notre intérêt l'exigeroit , nous prévient en faveur des ouvrages ; mais notre caractére naturel pre-nant le deffus , nous jugeons avec équité, & nous voyons à regret que la raifon facrifiée à

L iij

des agrémens frivoles nous prive de tout espoir, folie dans la composition, folie dans les suffrages ; nous ne voyons que travers de toutes parts, & nous en sommes éffrayés pour le genre humain.

Avez-vous des Auteurs dans cette Ville, dit le Voyageur ? Nous n'en comptons plus qu'un ; c'est un homme digne de toute la considération que nous lui accordons ; Philosophe éclairé, Sage aimable, il s'est acquis par des ouvrages utiles beaucoup de réputation & de fortune, & ce qui vous paraîtra rare, ses compatriotes l'estiment, & le voyent triompher sans envie, il y a dix ans qu'il aborda sur cette rive nombre d'Auteurs Européens, les uns avoient des Tragédies nouvelles, les autres apportoient des Opera langoureux, des petits Romans , & surtout beaucoup de piéces fugitives ; la précaution qu'ils avoient eue d'amener un Imprimeur , les mit dans le cas de faire paraître leurs productions ; un de nos citoyens en acheta un exemplaire , c'est le seul qu'on ait vendu , le reste de l'édition ayant été confisquée comme contraire aux bonnes mœurs, & à la raison, fut déposé dans une Archive publique , & il sert à allumer le bucher sur lequel nous brulons tous les ans l'effigie des Auteurs qui ont écrit contre Brama ; gens dangereux seuls cause de la corruption d'un Etat ; & quels font ces Auteurs, demanda Ma-gakou? puiſiez-vous, jeune Etranger, repartit le vieillard, ignorer juſqu'à leurs noms; la curioſité emporte quelquefois le plus ſage, & on ſe perd dans le tems qu'on ne vouloit que s'inſtruire: c'eſt ce que je ne ceſſe de répéter, dit Pegadon, que l'envie de diſſerter commençoit à gagner.

Le vieillard qui avoit ſes heures marquées pour le repos, ſe retira dans un Appartement ſéparé, en promettant à Ma-gakou qu'il lui montreroit le lendemain toutes les curioſités de Pays-perdu, le jour parut à peine que l'Etranger ſe leva, ſon premier ſoin fut de ſe rendre à la chambre du vieillard, & de lui rappeller la pa-

rôle qu'il avoit eu la complaifance de lui donner la veille.

Le Vieillard fortit, & con-
duifit d'abord Ma-gakou à la
Bibliothèque publique ; à ce
nom le Voyageur fe repréfen-
toit un Edifice immenfe fuper-
bement décoré, & orné d'un
million de volumes ; mais
quelle fut fa furprife de ne
trouver qu'un cabinet de huit
pieds de hauteur fur dix de
largeur, où l'on voyoit dans
une armoire très-fimple envi-
ron foixante volumes vieux
& prefque rongés.

Quoi, s'écria-t-il, eft-il
poffible que ce foit là cette
Bibliothèque publique que
vous nous vantez depuis une
demie heure, je m'apperçois,
répondit le vieillard, qu'elle

me paroît trop nombreuse, mais fi vous ne voulez pas être injufte, vous conviendrez à l'infpection du Catalogue, qu'il n'y a peut-être pas quatre ouvrages qui ne foient dignes de trouver place ici ; ah Seigneur, repartit Ma-gakou, fi jamais le deftin vous conduit à Goa, je vous ferai voir la Bibliothèque du dernier des Sujets de l'Empereur qui a des prétentions au bel-efprit ; c'eft là où je me fais un plaifir de jouir de votre étonnement : Salle fuperbe, ornée de figures fingulières, & vernie avec art ; Livres de tous genres, & fi bien conditionnés qu'il y a à parier qu'on ne les a jamais lûs ; je n'irai point à Goa, reprit froidement le vieilard.

Au fortir de la Bibliothéque dans laquelle je doute que cette hiftoire fe trouve un jour, on mena le Voyageur dans une promenade qui paffoit pour la plus belle de la Ville ; on n'y trouvoit ni Filles d'Opéra , ni Petits-Maîtres ; quelques Citoyens venoient y refpirer un air pur dans l'étude de la Nature ; comme Ma-gakou s'apperçut qu'on ne payoit pas pour s'y affeoir , il crut que cette promenade étoit trop bourgeoife & fortit pour aller à une Affemblée de l'Académie ; la Société Littéraire de Paysperdu eft peu nombreufe, & le Citoyen qui prouve feize quartiers de Nobleffe n'y eft reçu qu'autant qu'il unit des talens réels à cet avantage frivole.

Quatre hommes occupés à s'éclairer mutuellement dédaignoient ces éloges d'usage qui prouvent moins le mérite de celui qui les reçoit que la complaisance de celui qui les prodigue ; leurs discours sagement écrits renfermoient des maximes utiles aux mœurs & nécessaires aux progrès des Sciences , on n'y admiroit point ces tours emphatés ni ces antithèses multipliées qui de Goa sont passés jusqu'aux Académies Provinciales. *

---

* Voici pour vous confirmer dans cette idée, des discours prononcés aux Académies d'An****, de N**, de R**, &c. &c. &c.

Magakou sorti du centre des Arts, voulut voir le lieu où l'on rendoit la justice, on le conduisit au Temple de *Thémis ;* la Déesse seule dans

---

Rien n'est plus en état de contribuer à l'accroissement des beaux Arts, que l'Etablissement des Académies ; mais il en est des Lettres comme des Plantes, ce qui croit en pleine terre en Italie, ne végète à Paris que par les secours réitérés d'une chaleur étrangère ; tirez de la une conséquence juste ; & croyez que bien des petites Provinces où nous voyons des Sociétés Littéraires, ne peuvent jamais parvenir à saisir ce vrai goût qu'on ne trouve que dans la Patrie des Arts ; l'Auteur de cette histoire n'étoit surement d'aucune Académie, mais le Traducteur qui est intéressé à penser différemment, croit que la remarque est trop générale ; il citeroit même des autorités puissantes, s'il ne craignoit que la modestie de ses amis n'en fût blessée, les beaux-esprits sont si délicats sur cet article, qu'on ne sçauroit trop les ménager.

son Sanctuaire n'avoit ni Prêtres ni victimes ; adorée des Citoyens, aucun d'eux ne venoit l'implorer , parce que la probité & la raison les guidant tous , ils n'avoient pas besoin des secours de la Justice pour être heureux ; Magakou visita ensuite quelques Édifices publics qui devoient servir à entretenir l'abondance , & maintenir le commerce , si la Ville devenoit une fois peuplée , content en général de ce qu'il avoit vû à Pays-Perdu , il remercia le vieillard des attentions qu'il avoit euës pour lui , & prit la route du Temple du Bonheur qui n'étoit plus éloigné qu'à deux petites journées de la Ville qu'il quittoit.

A peine avoit-il fait quatre milles qu'il arriva dans un Bourg affez confidérable, & cent fois plus peuplé que la Capitale de la Raifon, les maifons de ce Bourg le difputoient par leur Auteur aux montagnes les plus élevées, voifines de la cime des cieux, elles fervoient d'azile à un peuple auquel on doit l'origine des Petits-Maîtres, comme on le verra dans le Chapitre fuivant.

CHAPITRE X.

Comme quoi Ma-gakou fe trouve dans le Pays des Silphes, & renonce à Famaga.

LE Voyageur trouva à la porte du Bourg une cor-

de qui lui parut attachée à une
Cloche trop élevée pour être
apperçuë, curieux de voir si
le signal qu'il donneroit, atti-
reroit quelqu'un, il tira la
corde de toutes ses forces, à
l'instant un jeune homme ha-
billé de taffetas couleur de
rose, qui avoit l'art de voler
sans courir les dangers d'*Icare*
qui n'étoit qu'un Silphe *man-
qué*, parut aux regards de Ca-
gakou; celui-ci étonné de le
voir suspendu en l'air, le prit
pour un sauteur de cordes,
qui échappé de la foire, venoit s'exercer en Province;
après avoir demandé à l'Etranger ce qu'il désiroit il lui proposa de l'accompagner au Palais de *Zinzolin* Gouverneur
des Silphes; Pegadon qui se

rappella les cabrioles, craignit un nouvel enchantement dont les suites pourroient encore lui devenir plus funestes, & il fit tous ses efforts pour dissuader son Eléve ; mais dompte-t-on la Nature ? Ma-gakou qui étoit d'un caractère facile & curieux se rendit aux instances de l'Emissaire de *Zinzolin*, on le fit entrer avec son Gouverneur dans une galere de liége qui s'élevoit en l'air au gré d'un vent impétueux qui lui étoit communiqué par le secours d'un nombre infini de soufflets pressés par les Silphes, ceux-ci la suivoient pour lui fournir le vent jusqu'au moment qu'elle pût débarquer aux portes du Palais de *Zinzolin*.

Un Silphe banni du bourg
pour des raisons que le respect
qu'on doit au Séxe ne permet
pas qu'on divulgue ici, passa
en Europe, où il donna l'idée
de cette espece de galere; on
prétend même que les premieres épreuves qu'il en fit , en
présence de l'Intendant de la
Marine aërienne justifierent
l'utilité de son projet ; quelques mois après ces expérien-
ces, deux Auteurs jaloux d'arriver à l'immortalité qu'ils
croyoient avoir méritée par
des succès mandiés , plus honteux que la chûte même, s'em-
barquèrent sur une de ses galeres , mais à peine furent-ils
à dix-sept toises de hauteur ,
que ceux qui pressoient les
soufflets manquants de force,

la

la galere n'étant plus pouffée par les vents, fut précipitée fur la voute de la falle des fpectaclesqu'elle enfonça, les éclats difperfés fur le parterre écraferent tous ceux qui avoient eu la faiblefle d'applaudir aux Piéces des deux Auteurs ; ceux-ci que le deftin réfervoit fans doute à une punition plus frappante , s'accrocherent à une girouette où ils font encore ; ce font eux qui, jouets aujourd'hui des Comédiens qui les refpectoient beaucoup autrefois , marquent les vents contraires & favorables aux Auteurs, les tems nébuleux de cette année n'ont encore annoncé que des chutes.

Zinzolin s'amufoit à joüer

M

aux balons avec deux ou trois de ſes favoris, lorſque le Silphe conducteur lui annonça Magakou avec ſon Gouverneur ; quant aux Eſclaves de ſa ſuite dont jai oublié de parler depuis quelque tems , vous aurez la bonté de vous imaginer qu'au ſortir du Palais de la Fée Ponpon , ils furent ſubmergés dans un fleuve d'ambre ; * Zinzolin quitta ſa partie pour faire lui-

---

* Zu-li-zo pu ka-ché , l'Auteur le plus célèbre du Japon , prétend dans le cent-vingt-neuviéme volume de l'hiſtoire des galanteries de l'Impératrice Si-Zagama qui mourut à quatorze ans, que c'eſt dans ce même fleuve que tous les Petits-Maîtres de Goa alloient ſe baigner , pour acquérir le droit de donner des maux de tête aux maris incommodes dont ils vouloient ſe défaire, ſans doute dans l'intention........ Le feuillet a été déchiré en cet endroit par une femme dont le mari n'aimoit pas l'ambre.

mêmeles honneurs de fa Cour;
on tint appartement ce jour-là,
la Jeuneffe la plus brillante des
deux Sexes étoit réunie au
Palais.

Jamais un fpectacle pareil
n'avoit attiré les regards de
Ma-gakou, tous les Silphes
empreffés lui firent ces révé-
rences qui tiennent plus à l'u-
fage qu'au cœur, les uns
voltigeoient autour de lui en
répétant un air d'un opéra nouveau, d'autres repaffoient à
fix pieds de terre un pas de Bal-
let, ceux qui jouoient la Gra-
vité nonchalament affis fur un
canapé parloient mal des femmes, & foutenoient qu'il
étoit affommant de ne pouvoir
vivre avec foi-même à trente
ans ; que les Silphides étoient

M ij

d'un empreffement auprès d'un galant Homme qui avoit la réputation d'être aimable ... & qu'enfin leur objection étoit d'un fingulier qui n'avoit l'air de rien. Ceux-là occupés à badiner avec leurs nattes, ou à metre leur rouge, perfifloient agréablement des femmes qui fe vengeoient des mauvais propos fur la bourfe de quelques jeunes Silphes qu'elles ruinoient à la comete en public, & à d'autres jeux en particulier.

Les Maris montés a l'Européenne s'éloignoient avec précipitation à l'afpect de leurs Femmes, & celles-ci qui fuivoient le bon ufage fe confoloient de cette abfence avec des Amans qu'elles trahiffoient, & qui les trom-

poient à leur tour , ainſi qu'il
eſt de regle.

On propoſa à Ma-gakou
une partie de Traineaux chez
Jupiter , ou chez Saturne ;
mais il étoit peu curieux de
ſe promener dans les Planet-
tes , qu'il avoit parcouru
d'ailleurs dans les Mondes
de ce ſage éclairé , le Neſtor
du pinde , la gloire de ſon
Siécle & l'admiration de l'U-
nivers ſçavant ; & il préfera
une partie de Tri , jeu renou-
vellé des Silphes.

Lizibane Veuve du Capi-
taine général des Galeres du
Bourg , trouva l'Etranger
de ſon goût, & par un hazard
prémédité , elle fut de la partie ; l'amour de la Silphide ſe
manifeſta d'abord par la per-

te d'un *fans prendre* avec un jeu
fûr; ceux qui voyoient fes cartes lui reprocherent fa maladreffe, mais Lizibane en fi-
xant tendrement Ma - gakou
prévint qu'elle étoit depuis
quelques inftans *d'une diftrac-
tion qui ne reffembloit à rien* ;
le Voyageur à qui les bonnes
avantures commençoient à
donner un vernis de fatuité,
qu'il ne gardera que trop,
vit aifément qu'il étoit l'objet
des diftractions de la Silphide,
& comme elle étoit *du premier
bien*, il la feconda en jouant
la tendreffe ; on croit aifément qu'on eft aimé de celui
qui nous plaît, Lizibane fe
perfuada que ces charmes a-
voient fixé Ma-gakou, & la
veuve agit en conféquence ;

plus réfléchie fur elle-même,
elle eut moins de diſtraction,
mais elle n'en joua pas mieux,
toute à l'aimable Voyageur,
elle touchoit vingt fois ſes
mains dans un quart d'heure,
ſous le prétexte de l'aider à
amaſſer les cartes, tantôt feignant d'être mal aſſiſe, elle
étendoit ſes piés ſur ceux de
Ma-gakou, qui répondoit du
même ton, & tous deux rou-
giſſoient, la Silphide qui mar-
quoit les tours, abregéa la partie en ſuprimant un tiers, im-
patiente de ſe voir ſeule avec
l'objet de ſon ardeur naiſſante,
elle alloit le mettre dans le
cas de lui offrir ſa main, quand
un des Pages de Zinzolin annonça que l'Opera alloit com-
mencer, Lizi-bane qui n'avoit

pas prévû ce contre tems , fe
repentit d'avoir racourci la
partie, & comme le fpectacle
ne fe donnoit que pour l'Etranger , elle fe détermina à y aller , l'Opéra qu'on foupçon-
noit être de Zinzolin tomba ,
celui-là en attribua la chute
au Muficien , le Muficien l'im-
puta au Poëte , la vérité eft
que tous deux y avoient con-
tribué , mais qu'aucun ne vouloit fe charger des défagrémens de la chute ; les Acteurs
qui étoient tous desSilphes de
condition qui jouoient l'O-
péra pour s'amufer en en-
nuyant les autres, avoient auffi
travaillé de leur côté à l'anéan-
tiffement de l'ouvrage ; Zinzolin qui n'avoit qu'un feulMu-
ficien dans fon Bourg , ne fe
vangea

vangea que des Acteurs qu'il exila en Europe, où ils s'unirent à des femmes aimables qui prirent les mœurs des Silphes; c'est à cet événement qu'on doit rapprocher l'origine des Petits-Maîtres & des Caillettes; la chute de l'Opéra avoit dérangé tous les projets de Zinzolin, le souper fut aussi triste que ces parties fines où l'on s'ennuye en croyant s'amuser beaucoup; le feu d'artifice qui réussit mal acheva de désespérer le Gouverneur des Silphes : fatigué des autres & de lui-même, il supposa qu'il étoit malade, & donna par-là congé à toute sa Cour.

Lizi-bane enchantée de l'événement demanda la main

de Ma-gakou qui la recondui-
fit dans fon palais ; mais comme il ne fçavoit pas marcher
dans les airs, & que la Silphide
avoit des raifons pour ne point
l'expofer dans une galere, elle
le fit monter à fon appartement par le moyen d'un panier
dans lequel Ma-gakou entra :
arrivé chez Lizi-bane, fe mettre à fes genoux, lui jurer qu'il
l'adoroit, & devenir heureux,
fut l'effet d'un moment, mais
quel bonheur ? Ponpon que le
voyageur avoit trouvé fort
aimable dans la converfation,
n'étoit qu'une begueule indolente en la comparant à la Silphide , emporté dans les airs
avec elle , il ignoroit dans la
volupté la plus délicate , qu'il
exiftât quelqu'un fur la terre :

bourg heureux , s'écrioit - il dans ses transports qui préviennent un doux anéantissement , Silphes charmants, c'est à vous que mon ame doit des plaisirs qui lui étoient inconnus , Lizi-bane se livroit aux mêmes acclamations, & trouvoit que le seul Ma-gakou parloit mieux que les Orateurs les plus éloquents du bourg , les Silphes sont amusans dans leurs propos , mais toujours entrainés par le premier objet , ils ne peuvent traiter solidement une matiere , l'Etranger plus habile avoit le talent de tout affronter, & Lizi-bane quoique petite maîtresse aimoit beaucoup les hommes pénétrans, c'est sans doute à ce même goût que

Ma-gakou dut l'offre qu'elle lui fit de partager sa fortune avec lui, le voyageur comblé de la proposition l'auroit acceptée sur le champ, s'il avoit eu l'art de voler, Lizi-bane le rassura bientôt en lui annonçant que tout homme qui s'unissoit à une Silphide par des liens indissolubles, devenoit Silphe au moment de son mariage, soit intérêt, goût ou curiosité, Maga-kou jura qu'à son retour du Temple du Bonheur, il épouseroit Lizi-bane, & pour se conformer à l'usage des Silphes, il scella son serment de son sang, que la Silphide avoit eu la complaisance de lui tirer elle-même de la prunelle de l'œil gauche, tout autre sang n'en-

gageant à rien par les Loix
de l'Etat, Lizibane munie de
cette promesse sacrée, fit descendre l'Etranger dans le panier, & engagea Pegadon qui
étoit resté à terre & avec lequel elle s'étoit entretenuë
par le moyen d'un porte-voix,
de faire le reste de leur route
à pied ; le Gouverneur en fit
la proposition à son Elève qui
l'accepta, le chemin étoit
court, & on le faisoit avec
d'autant plus de plaisir qu'il
conduisoit au terme.

CHAPITRE XI.

Comme quoi Ma-gakou arrive au Temple du Bonheur, & ce qu'il y voit.

APrès une route tranquille, le Voyageur parvint aux avenuës du Temple du Bonheur, un Berceau de citroniers soutenu dans l'air par les Ombres de ces hommes durs qui avoient préféré d'entasser leurs trésors au plaisir sensible de soulager les malheurs, ce Berceau disois-je, conduisoit à la porte du Temple où le Dieu du Bonheur étoit adoré ; une Simphonie agréable ne suspendoit ses concerts que pour faire place à des voix mélodieuses qui célébroient leur félicité fur des airs différens , mais toujours gracieux , là on voyoit un Financier couché fur un lit d'or , & occuper tous fes momens à compter l'argent que fes Commis lui apportoient , ici c'étoit une jeune femme qui avoit eu le fecret de perfuader à fon mari qu'elle étoit vertueufe , & qui jouiffoit du fruit de fon éloquence dans les bras d'un Militaire aimable, plus loin on appercevoit un Auteur qui fembloit tranfporté du fuccès d'une Tragédie nouvelle , à côté c'étoit une Coquette à qui vingt amans venoient tour-à-tour prodiguer l'éloge & la tendreffe , vis-à-vis on admiroit un jeune

Officier dont le front ceint de laurier bravoit les dangers & les disgraces ; ailleurs on voyoit un essain de Petits-Maîtres occupés à lire les billets de leurs Maîtresses , les femmes qui étoient dans le Temple leur faisoient des mines , & paraissoient demander une place dans le Catalogue. On examinoit plus loin des Philosophes qui brisant des vases dorés , se faisoient un plaisir de médire du genre humain en méprisant les richesses & les plaisirs ; près d'eux des Ministres aimés du Peuple , & Favoris de leurs Maîtres , comptoient d'un air riant les graces qu'ils avoient accordées ; . . . .

Il se trouve ici une lacune qui n'ayant pas permis au Traducteur de détailler le reste des heureux, pourra égayer l'imagination de ses Lecteurs à qui on veut bien permettre d'y suppléer :

CHAPITRE XII. & dernier.

Comme quoi on moralise en faisant semblant de rire.

J'Ignore les propos que Ma-gakou tint à Pegadon, mais je sçais que son Gouverneur lui parla ainsi.

Qu'il m'est dur, Seigneur,

de vous voir prendre ce ton
fat la, reſſource des Sots, &
l'admiration des femmes per-
duës; contemplez ce Temple,
& cedez à l'Empire de la Raiſon, tous ces gens que vous
trouvez heureux, vont ſe
démaſquer à vos yeux, ſouf-
frez que j'arrache le bandeau
& jugez-les.

Ce Financier qui vous
parut au faîte du bonheur,
ne jouit pas de ſa fortune, le
paſſé lui donne des remords,
& l'avenir jette dans ſon cœur
une allarme qui lui ôte ce repos qu'il affecte; la femme de
ce mari complaiſant brave
dans le ſein du plaiſir des loix
du devoir & de l'hymen, mais
dort-elle tranquille; la crainte
d'une infidélité la déſeſpére;

& l'amour de son époux fait le supplice de son cœur, l'Auteur enyvré de ses succès n'est content qu'à vos yeux, assez raisonnable pour juger qu'il ne doit son triomphe qu'à la cabale, il est dévoré de ses regrets que l'ainé voudroit cacher, mais qui percent par la force de la vérité, c'est Pradon applaudi qui envie le sort de Racine qu'on abandonne, la Coquette trouve son tourment dans les choses qui la flattent, indignée sécretement des travers de ceux qui la pourchassent elle préféreroit un ami qu'on acquiert par un mérite réel, à ce tas d'Adorateurs qu'elle ne doit qu'à ses mines, le Militaire couronné des Palmes de Bellone,

ne les foutient qu'en trem-
blant, la jaloufie des cour-
tifans, l'envie de fes camara-
des, & les caprices du fort
l'inquiettent ; plus occupé à
fe foutenir dans le cœur d'un
Prince qui l'aime, que contre
les ennemis de l'Etat, il ne
voit partout que des précipi-
ces qui lui cachent le bonheur dont il devroit jouir, les
Petits-Maîtres malheureux même par le cas qu'on fait d'eux,
font prefque toujours affez fages pour déplorer leurs propres écarts, ennemis de la
mode qui les affervit, ils
voudroient quelquefois qu'il
leur fût permis de penfer,
pour devenir raifonnable im-
punément ; ces Philofophes
ne font que de faux fages qui
ne

ne combattent les paſſions, que lorſqu'ils ne peuvent plus s'y livrer ; Sénéque a compoſé ſon Traité du mépris des richeſſes ſur une table d'or.

Les Miniſtres comptent les graces qu'ils ont accordées, mais aſſez malheureux pour craindre la voix du peuple, ils ſont encore plus ſenſibles à ſes vaines déclamations, qu'aux éloges des adulateurs qui les environnent, & qui les trahiſſent preſque toujours.

Concluez de-là, Seigneur...

A ce moment Pegadon & ſon éléve furent enlevés dans les airs par huit Silphes qu'on préſume que Lizi-bane avoit détachés à cet effet ; point d'impatience, on ne tire que

O

douze mille exemplaires de
cet ouvrage , & à la fecon-
de édition , on pourroit bien
apprendre les fuites d'une
Hiftoire auffi intéreffante.

FIN.

TABLE

DES CHAPITRES

Contenus en ce Volume.

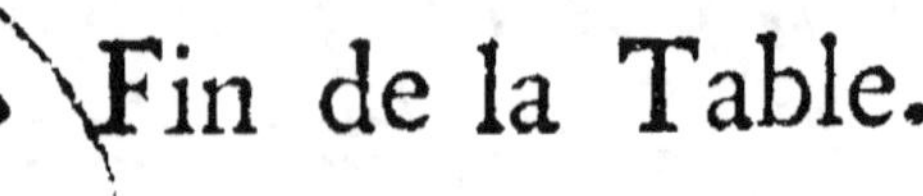

Fin de la Table.